途上国支援と環境ガイドライン

国際環境NGO FoE-Japan 編

緑風出版

はじめに

　経済大国化を遂げて以来、日本は途上国向けに多額の資金援助を供与し続けてきた。日本自身の経済発展戦略と深く結びついた開発資金が、途上国の経済発展に大きな役割を果たしてきたことは間違いない。だがそれはもっぱら電力や交通などの経済インフラ開発に重点をおいたものであり、現地の人々や環境に重大なインパクトを及ぼしてきたのも事実である。もっともその傾向は日本の援助だけに特有だったわけではなく、近代化に向けた開発において、環境・社会面のコストは長く軽視されてきた。

　現在、従来の途上国開発のあり方は大きく変わろうとしている。グローバルな経済統合が深まり、民間資金が途上国開発に大きな役割を果たしている一方で、深刻な環境問題を解決し、拡大する社会的不公正を是正するために、開発パラダイムの問い直しもまた始まっている。こうした観点から、これまでの日本の開発支援の質がいっそう厳しく見直される時期が来ている。

　私たちはNGO（非政府組織）として、政府系金融機関「国際協力銀行」(Japan Bank for International Cooperation。以後JBICという略称を用いる)の融資する開発プロジェクトが及ぼす環境・社会問題に取り組んできたが、今後も同じような種類の問題が繰り返されるのを防ぐために、個別プロジェクトへの対応だけではなく、より根本的な政策や制度の改革が必要であると考えていた。たまたま国際的・国内的に環境政策の取り組み強化を進めるための機会が生じたのを期に、98年から環境ガイドライン強化に向けてキャンペーンを立ち上げ、取り組みを進めてきた。本書はこの過程で私たちが行なった調査、分析、提言の成果をまとめたものである。

　第1章では、JBICにより厳しい環境ガイドラインが求められる背景を、JBICの活動の概要も加えて述べる。第2章から第6章は、これまでJBICが融資したプロジェクトの個別ケースの分析を通して、開発プロジェクトが現地に及ぼした社会・環境問題とその要因、そしてJBICによる審査やモニタリングの課題を考察した。取り上げられたケースは多様な投融資の形

態をとっている。インドネシアのルヌン・ダムプロジェクトとケニアのソンドゥ・ミリウ・プロジェクトは、いずれも水力発電事業への円借款であり、現地住民の水利用が軽視されている点でも共通している。インドネシアのムシ・パルプ事業は海外経済協力のなかで民間投資を支援する海外投融資事業、フィリピンのサンロケ・ダムプロジェクトは民間企業に対する海外投資支援とフィリピン政府に対する融資が組み合わされた融資形態である。またタイのサムット・プラカンは、JBICが別の金融機関を通して間接的に融資を行なうツーステップローンという形態をとっている。投融資の形態は様々だが、現地の環境調査や対策の検討が不十分であること、住民に対する十分な情報提供や協議がされていないこと、しばしば反対住民に対する脅迫や暴力行為が発生していること、適切なモニタリングが行なわれていないこと等、多くの共通する問題が指摘されている。

第7章では、環境ガイドライン策定に向けたプロセスと、その過程におけるNGOのはたらきかけを紹介する。そして第8章で、他機関の政策・ガイドラインを参照しながら、これまで繰り返されてきたような開発プロジェクトによる環境・社会への悪影響を防ぐために、開発融資機関に求められる具体的な環境配慮[1]のあり方を述べる。

第7章で詳しく述べるように、環境ガイドラインの具体的な内容は、これまでに例のない透明で独立した「研究会」方式によって検討された。ここに私たちも参加し、多くの提案を行なった。研究会の詳細な最終提言は巻末に収録しているので、あわせて見ていただきたい。

途上国開発のあり方、日本の開発金融のあり方を変えていくためには、環境ガイドラインだけでは十分でないことはもちろんである。しかし、最終的な提言の内容だけでなく、ここまでの策定に向けたはたらきかけと議論のプロセスそのもののなかに、今後さらに大きな変化を作り出すヒントが含まれていると私たちは考えている。

なお、本書では、経済開発プロジェクトに対するプロジェクト融資のみを取り上げており、無償援助やプログラム融資の問題は扱っていないことをお断りしておく。

注：
1 　以下、事業者あるいはJBICによる「環境・社会配慮」あるいは「環境配慮」という言葉を用いる。事業者による「環境配慮」とは融資プロジェクトが地域の人々や自然環境に及ぼす可能性のある悪影響を防ぐために、事業者が行なう環境影響調査や対策、モニタリングの実施等を指す。JBICによる環境配慮の場合にはプロジェクト審査やモニタリング等の行為を指す。また、本書では単に「環境影響」と記す場合にも、公害や自然環境への影響だけでなく、その地域に住む住民等への影響など、広く社会的影響を含むものとして用いている。

途上国支援と環境ガイドライン

目次

【目次】

はじめに　　3

第1章　なぜ環境ガイドラインの強化が必要なのか　　11
1. 日本の開発支援は変わったのか？　　12
2. 国際協力銀行とその活動　　14
3. 新環境ガイドラインには何が必要か　　21

第2章　誰のための水資源開発？
―インドネシア・ルヌン水力発電所及び関連送電線建設計画　　29
1. プロジェクトの概要・背景　　30
2. 主な問題点　　34
3. JBICの手続き・ガイドライン内容・実施体制等の面からの問題点の分析　　41
4. まとめ　　48

第3章　「環境保全型」投融資事業の問題点　　51
―インドネシア・ムシ・パルプ事業
1. 事業の概要　　52
2. 環境保全型（？）開発　　53
3. ムシ・パルプ事業の問題点　　54
4. OECFの環境配慮に関わる問題　　59
5. まとめ　　63

第4章　暴力の影がつきまとう重債務最貧国のダム事業　　69
―ケニア・ソンドゥ・ミリウ水力発電事業

    1. プロジェクトの概要・背景　　　　　　　　　　70
    2. 事業が抱える主な問題点　　　　　　　　　　74
    3. 事業における社会環境配慮　　　　　　　　　79
    4. 国際協力銀行の社会環境配慮における今後の課題　84

第5章　土地喪失を懸念する先住民族　　　　　　93
　　——フィリピン・サンロケ多目的ダムプロジェクト
    1. プロジェクトの概要と経過　　　　　　　　　　94
    2. プロジェクトに関わる問題点　　　　　　　　　96
    3. 国際協力銀行の環境配慮　　　　　　　　　　102
    4. 結論　　　　　　　　　　　　　　　　　　　105

第6章　環境改善プロジェクトが脅かす漁村の暮らし　111
　　——タイ・サムット・プラカン汚水処理プロジェクト
    1. 本章の目的　　　　　　　　　　　　　　　　112
    2. プロジェクトの概要　　　　　　　　　　　　113
    3. 経過　　　　　　　　　　　　　　　　　　　115
    4. プロジェクトの問題点　　　　　　　　　　　118
    5. JBIC環境ガイドラインへの提言　　　　　　124

第7章　環境ガイドライン策定に向けたプロセス　133
    1. ECA環境ガイドライン強化に関する国際的な動き　134
    2. 国内でのNGOの取り組み　　　　　　　　　136
    3. ガイドライン策定におけるNGO参加の教訓と課題　144

第8章 開発金融機関の環境配慮はどうあるべきか　*149*
―JBIC新環境ガイドラインへの提言
 1．環境と開発に関する国際機関等の政策　*150*
 2．環境・社会配慮の基本的原則　*152*
 3．案件準備過程における環境社会配慮の要求　*154*
 4．環境審査　*160*
 5．モニタリング・フォローアップ　*164*
 6．ガイドラインの効果的な運用と遵守確保　*167*
 7．今後の課題　*170*

資料　*181*
 国際協力銀行の統合環境ガイドラインに係る研究会提言　*182*
 国際協力銀行の環境ガイドライン統合に関する研究会設置要綱　*211*

おわりに　*213*

第1章
なぜ環境ガイドラインの強化が必要なのか

本山央子

―― 第1章 なぜ環境ガイドラインの強化が必要なのか ――

1. 日本の開発支援は変わったのか？

　1980年代終わりから90年代初めにかけて、日本がODA（政府開発援助）を提供した開発プロジェクトに対する地元住民や日本の市民団体による異議申し立てが、マスコミや国会でも数多く取り上げられた。この時期に取り上げられたインドのナルマダ・ダムやインドネシアのコタパンジャン・ダム、フィリピンのマシンロック発電所など多くのケースにおいて、住民の合意のないままにプロジェクトが進められ、人々が強制的に移住させられたり生活の糧となっている川や森林が破壊されるなどといった問題が起こっていることが明らかになった。「途上国の人々の福祉に資する」という政府の説明に反して、住民が日本の援助に感謝するどころか生活を破壊する脅威とさえ感じていたことに、多くの人々はショックを受けた。また、修理されないまま放置された高額な機械や地元のニーズとはかけ離れた豪華施設、被援助国の政治家や日本企業との癒着、軍事政権に対する援助など、ODAの不透明性、非効率性、理念の曖昧さに対しても様々に批判がなされた。

　それから約10年が経った現在、日本による途上国の開発支援はどう変わったのだろうか。利権にまみれた不透明な構造で多額の資金が非効率に浪費され、相手国住民からは迷惑がられこそすれ感謝されない――こうしたODAの負のイメージを払拭し、資金の拠出に対する国民の支持をとりつけるために、政府は並々ならぬ努力を傾けてきた。「国益重視」批判に対して受注先を日本企業に限定しないアンタイド化を進め、1992年には援助の基本理念を定める「政府開発援助大綱」を閣議決定して、貧困問題や地球環境問題など、地球規模の課題に取り組むことを謳った。もっとも一方では開発援助が日本の利益のためにも必要な出費であることを説得するよう努めてもいるが、いずれにしても情報を公開して透明性を高め、「顔の見える援助」を掲げて援助効果をアピールし、開発協力NGOとの協力やプロジェクト効果の外部評価の導入等、市民参加の機会拡大に努めることの必要性は強く意識されるようになった。

こうした政府の態度の変化は、援助現場の社会・環境問題の防止や解決に役立っただろうか。確かに、政府や援助実施機関はより真摯に直接影響を受ける人々の声に耳を傾けるようになり、NGOとの対話や協力にも前向きに臨むようになっている。こうした変化は積極的に歓迎したい。しかし、政府の努力は主に資金支出に対する国民の支持の調達に向けられてきたのであって、根本的な改革が検討されたわけではなかった。日本の開発援助は、もっとも大きな環境・社会影響を及ぼしやすい、電力やガス、道路、通信などの経済インフラ整備の分野が6割以上を占めてきた。その後も経済変動による多少の変化はあっても、このような資金配分に大きな変化は見られない。また、本書でもいくつかの事例を紹介しているように、開発支援にともなう環境・社会問題はなくなっているわけでも、目だって減っているとも思えない。大規模開発プロジェクトに関わる基本的な問題の構造は、10年前と大きく変わっているとは思われないのである。

　このように開発援助にともなう環境・社会影響が依然として問題になっている一方、近年の開発資金の流れの変化にともなって新しい課題も生じている。80年代末から90年代初めにかけて途上国で自由化・民営化が進むと、先進国からの直接民間投資[1]が大幅に増大し、これまではODAや国際機関からの資金を借り入れなければできなかったような大規模公共事業についても、民間の資金を導入して実施するケースが出てきた。その中には大きな社会・環境問題が指摘されているものもあるが、民間資金を環境や社会影響の観点からコントロールすることは、現在、きわめて難しい。ひとつの方法として、企業による輸出や投資を奨励するために政府が公的資金で信用や保証を提供しているOOF（その他政府資金）の透明化や環境政策の強化が考えられる。減少しているODAに代わって、民間資金を用いた大規模開発プロジェクトは今後も増加していくと考えられ、あとで見るようにその環境・社会政策の強化は国際的な課題になっている。

　1999年10月に、ODA資金を扱う旧・海外経済協力基金と、このOOF資金を扱う旧・日本輸出入銀行とが統合して、国際協力銀行（JBIC）が設立

された。厳しい財政状況を反映して次第に削減の方向にはあるが、年間約2兆～2兆5000億円を貸し付けており、公的な開発金融機関としては世界銀行と並ぶ世界最大級の資金規模を持つ[2]。その活動が途上国の人々や世界の環境に及ぼす大きな影響力を自覚し、開発と環境をめぐる国際的な議論の流れを踏まえて、環境・社会面での事業の質を向上させるために政策を変えていく必要がある。

2. 国際協力銀行とその活動

──機能と活動──

JBICの業務は、統合された2機関の活動をそのまま引き継ぎ、円借款（ODAのうち有償資金分）等を扱う「海外経済協力業務」（旧・海外経済協力基金）と、その他政府資金（OOF）を扱う「国際金融等業務」（旧・日本輸出入銀行）の2つに分けられる。前者は途上国の経済・社会開発を、後者は日本企業の海外進出を支援することをそれぞれ目的としている。異なる目的をもつ援助機関と輸出信用機関の統合に対しては疑問も呈されたが、実際、金融形態としては円借款とOOFとに本質的な違いはない。円借款は、国際的に開発援助と見なされるグラント・エレメント25％以上の緩やかな貸付条件で途上国に資金を提供するもので、OOFはより市中銀行に近い条件の金融である[3]。歴史的に見ても、もともと円借款は旧輸出入銀行で実施されており、1961年に海外経済協力基金に移行されたものであった。円借款と輸出信用を2つの柱とする日本の公的開発金融制度は、日本と被援助国との間に強力な経済利益関係を築く車の両輪のようなものであったと言える。その資金は財政投融資計画によってコンスタントに確保され、日本からアジア地域を中心とする途上国に安定した公的資金を提供して民間資金フローの拡大を支えてきた。以下に見るように両業務の間には機能の重複もかなり見られ、途上国の開発が公的資金と民間資金を活用して進められる傾向が強まっているなか、両者の間に明確な区別を設けることはますます難しくなっている。

JBICを世界のなかでもユニークな存在にしているのは、先進国の開発

図1　日本国から途上国への資金の流れ

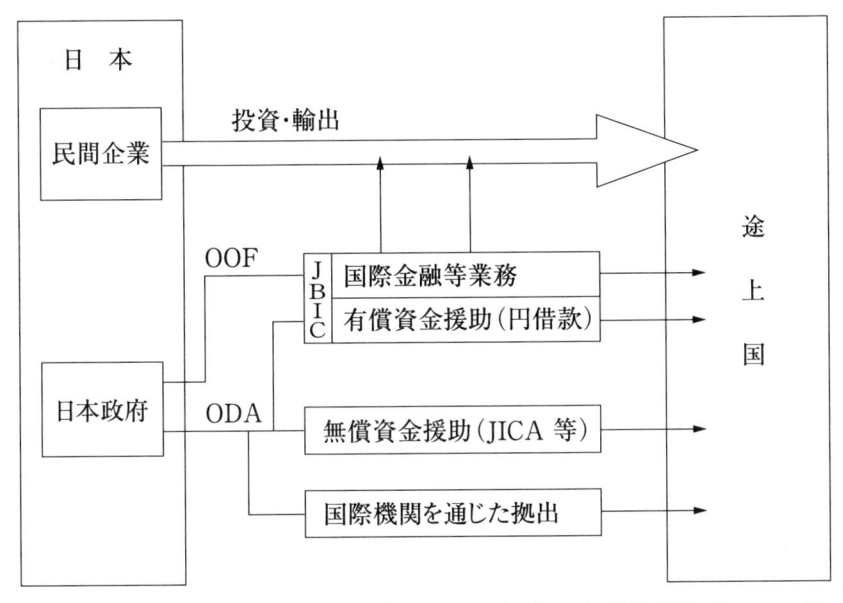

```
日　本
┌─────────────┐
│ 民間企業    │──投資・輸出──────────────→
│             │        ↑  ↑
│        OOF ┌─JBIC─国際金融等業務──────→  途
│            │      └有償資金援助(円借款)→  上
│ 日本政府   │                                国
│        ODA ├──無償資金援助(JICA 等)─────→
│            └──国際機関を通じた拠出──────→
└─────────────┘
```

機関の中でもとび抜けて大きい資金規模に加え、大規模経済インフラ開発や構造調整プログラム支援など、多国間開発機関に近い役割を果たしていること、自国企業支援を目的とする輸出信用機関（ECA）と援助機関の2つの性格を併せ持っていること等が挙げられる。また、特にアジア地域に対しては常に年間融資額の半分近くを振り向け、大きな影響力を保持してきた。アジア通貨危機発生時にJBICを窓口に、多額の資金がアジア諸国救済のため拠出されたことは記憶に新しい。ここで簡単に両業務の活動内容を概観しておこう。

——資金貸付による途上国支援：海外経済協力業務——

日本政府の拠出する開発援助（ODA）は①無償資金による資金援助や技術・人材支援、②有償資金協力、③国際機関への拠出、の3種類に大きく分けることができるが、JBIC海外経済協力業務部（旧・海外経済協力基金）はこのうち円借款と呼ばれる、長期・低金利、円建ての有償資金協力を行なっている。またごくわずかな規模だが、国際金融等業務と同様に

図2 国際協力銀行の業務

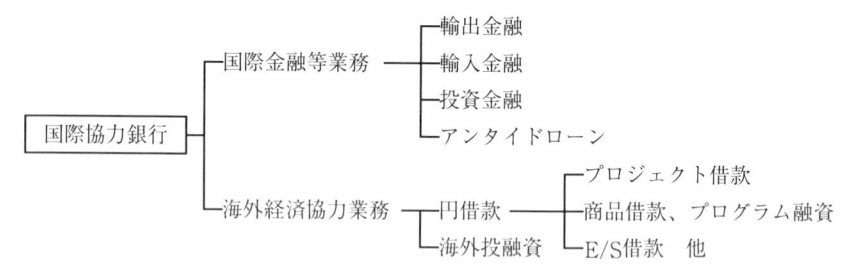

```
                    ┌─ 国際金融等業務 ──┬─ 輸出金融
                    │                  ├─ 輸入金融
                    │                  ├─ 投資金融
国際協力銀行 ──────┤                  └─ アンタイドローン
                    │                                ┌─ プロジェクト借款
                    └─ 海外経済協力業務 ─┬─ 円借款 ─┼─ 商品借款、プログラム融資
                                         │          └─ E/S借款　他
                                         └─ 海外投融資
```

途上国への民間投資を融資あるいは出資によって支援する「海外投融資」業務も行なっている。2001年度はODA予算1兆4500億円のうち約7300億円が国際協力銀行を通じて貸与された。

無償援助は社会サービスや行政サービス分野の支援が中心であるのに対し、JBICを通じて支出される有償援助は、経済インフラ分野の支援が中心で、支援対象も圧倒的にアジア地域（80%）に集中している。貸付の内訳をセクター別に見ると、2000年度には電力・ガス等のエネルギー開発や運輸、通信関係に54.6%、灌漑・治水、農業、水産業、鉱業部門に17.5%が向けられている。「社会サービス」部門の支援は20%程度とされているが、この中には衛生や教育、保健などのいわゆるベーシック・ヒューマン・ニーズに関わるもののほか、観光や行政サービス、上水道整備など生活基盤整備に関する事業が含まれている。

円借款の形態は、具体的なプロジェクトの実施資金の貸付が主であるが、このほかに、対象国の商品輸入を外貨供給により財政支援する商品借款や、重債務国や旧社会主義国の経済制度の自由化プログラム等を実行するための構造調整貸付等、特定のプロジェクトを対象としない貸付も行なわれている。また事前の調査・設計支援のための借款（E/S）や、貸付実施準備や事後フォローアップのための調査等も行なわれている。

——日本企業の貿易・投資支援：国際金融等業務——

JBIC国際金融等業務は、日本企業による製品輸出を金融面で促進するために、海外との長期・大規模な取引に関わるリスクに対して信用及び保

証を提供する。経済産業省の管轄する貿易保険制度（独立行政法人日本貿易保険）とともに、日本の公的輸出信用機関（ECA）の一つである。前身の旧・日本輸出入銀行は1950年に設立され、資源輸入・加工製品輸出を軸とする日本の国家産業政策を担ってきた。その後、日本の経済大国化と産業構造の変化に伴って輸出支援以外にもさまざまな機能が付け加えられ、国際開発金融においても重要な役割を果たすようになってきた。国際経済の変化に伴って変動があるが、現在の年間投融資額は約1兆5000億円～2兆円以下程度。民間活動の側面支援を目的に一般金融機関とは競合しないことを旨として、原則として民間銀行との協調融資を行なっている。

　国際金融等業務の提供する金融支援は主に4つに分けられるが、このうち、「輸出金融」「輸入金融」「投資金融」の3つが直接的に日本企業を支援するための金融手段である。「輸出金融」はプラント（発電や通信等の設備）や機械、船舶等の大規模な輸出を行なおうとする日本企業や取引先に対する融資を行なうもの、「輸入金融」は日本企業による天然資源や製品輸入を支援するものである。日本企業による海外直接投資を支援する「投資金融」は、現在もっとも主要な企業支援機能となっている。日本企業が生産拠点の海外展開を本格化させた80年代から増加した。最近は途上国の経済自由化に伴い、海外の大規模「民活」インフラプロジェクトに参加する日本企業への支援が増加している。

　このほか「アンタイドローン」は、日本企業の貿易・投資基盤の整備や「国際金融秩序の安定」に寄与するとして、自由化・民営化のためのプログラム融資や、金融安定化資金拠出、また途上国の大規模開発事業等への資金支援等を行なうものである。間接的に日本の企業活動に寄与するとされるが途上国支援の意味合いが強く、融資条件はより市中銀行に近いが、性格としては円借款に近い業務と言える。日本の貿易黒字が問題になった80年代頃から途上国への利益還元と国際金融秩序への貢献を求められるようになって拡大してきた。

——JBICの環境・社会政策——

　日本の開発支援は、もっぱらダムや火力発電所、道路、灌漑設備など

の経済インフラや天然資源開発等の大型プロジェクトに向けられてきたため、環境・社会問題がひんぱんに指摘されてきた。現地社会への悪影響を防ぐためにどのような政策がとられているだろうか。

JBICは社会・環境の分野で包括的な政策をもっていない。JBIC設置法にはJBICの活動目的として「我が国及び国際経済社会の健全な発展に資すること」という文言があり、これが環境と調和した事業活動を含意するものと考えられるが、これ以外に、法律上の文言としてJBICの環境や人権、現地社会への影響配慮を定めたものはない。

JBIC事業のうちODA事業である円借款についても環境・社会に関する法的な根拠のある政策はないが、閣議決定である「ODA大綱」および「中期政策」が適用される。これらにおいては、開発と環境の調和や人権の尊重を原則とし、また重点目標として環境の保全や貧困削減、生活の質の向上等を謳っているが、漠然とした理念の提示にとどまっている。

個別の案件を扱う上で現地の人々や環境への配慮を確保するための具体的な指針として定められているのが環境ガイドラインである。円借款については、1989年にはじめて「円借款業務における環境ガイドライン」が策定された。その後OECD開発援助委員会の環境アセスメントガイドラインの策定を受けて1995年にガイドラインを改定し（施行は97年から）、環境スクリーニング（環境観点からの支援対象の選択）および環境アセスメントを審査において正式に位置付けた。旧輸出入銀行の方は統合直前の99年10月に初めて環境ガイドラインを策定したが、それ以前にも環境スクリーニングの手続きを導入していた。これは円借款のようにOECD開発援助委員会のガイドラインを踏まえたものではなく、スクリーニング基準や手続きも円借款とは異なっていた。2機関の統合を機に、環境ガイドラインについても基本的に同一のものとして新たに策定する方針が定められた。

——JBICによる融資プロジェクトの環境・社会配慮確認プロセス——

円借款業務と国際金融等業務における融資対象プロジェクトの環境配慮は、実際には細かい違いがいろいろとあるが、基本的な手続きとして

はどちらも案件のスクリーニング→環境情報の審査→融資契約→モニタリングという流れになっている。

　開発プロジェクトを実施しようとする事業者——円借款案件なら通常現地政府、投資案件であれば企業——は、計画の詳細に関する情報とともに融資の要請を行ない、JBICはこの情報をもとに技術面や経済面、環境面などさまざまな観点から計画の実行可能性を検討して融資の可否を決定する。このとき環境影響の観点からプロジェクトが融資に値するかどうか検討するプロセスが「環境審査」である。

　まず申請者から提出された情報をもとに、さまざまな案件を慎重な検討が必要かそうでないかによって選り分ける「スクリーニング」が行なわれる。案件は予測される環境影響の大きさによってカテゴリーA、B、Cの3種類に分類される。環境影響がほとんどないと考えられるカテゴリーC案件以外のものは、さらに環境・社会面に関するより詳細な情報を申請者から提出してもらい、予想される環境・社会リスクの性質や大きさ、重大な影響を防ぐために適切な緩和措置がとられるか、等について、環境専門部署によるより慎重な検討が行なわれる。実施国の法制度に基づ

図3　JBICによる環境配慮

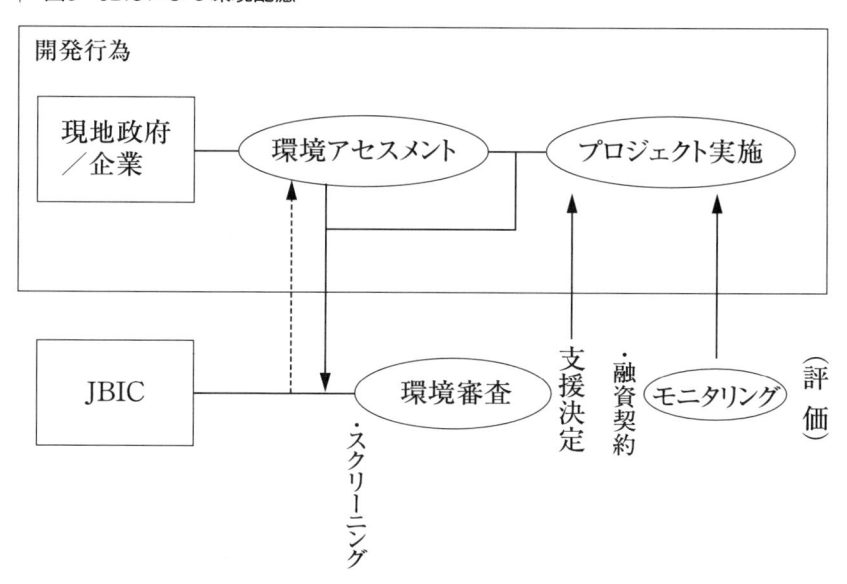

いて環境アセスメントが実施されている場合には、通常その報告書である環境影響評価書（Environmental Impact Assessment: EIA）が提出される。また特に影響の大きいものについては現地訪問による確認が行なわれる場合もある。

　環境面も含む総合的なプロジェクトの実行可能性の審査が終了すると、JBIC役員会で最終的な融資の可否判断が行なわれ、融資を提供するものについては借入者との間で融資契約が交わされることになる。プロジェクト実施段階では、事業者はJBICとの契約に従って、環境・社会面も含めた適切なプロジェクト管理を行なうことが求められる。JBICは必要な場合には事業者による環境管理を監督する。

　以上がJBICによる大まかな環境社会配慮の手続きであるが、円借款業務と国際金融等業務とでは、支援対象が途上国政府か民間企業かという重要な違いがあり、環境配慮の手続きについてもいくつか留意すべき相違点がある。まず、案件が具体化し審査プロセスに入るまでに、円借款の場合には被援助国と日本の間で政府間協議を含め時間をかけた準備・調整が行なわれる。国別の開発戦略に沿った案件の選択に日本も関与し、案件形成を促進するための無償援助が提供される場合もある。一方、民間支援の場合には、日本企業の国際競争支援という目的のため、融資申請から速いスピードで審査を行なうことが求められる。

　融資決定の手続きに関しても、円借款の場合は外交関係が重視されるためJBICによる融資決定に政府が大きく関与する。円借款の供与表明（プレッジ）は、JBICと相手国との契約締結の前に、省庁協議を経て日本政府によって行なわれる。このときもちろんJBICの審査結果は参考にされるが、原理的には政府の意思決定はJBICの判断と独立していることになっている。意思決定後の環境・社会モニタリングについても、民間支援プロジェクトとは異なり、円借款の場合には事業効果についてJBIC自身の責任がより問われるため、モニタリングや事後評価等、JBICの関与の幅はずっと大きい。

　このように、JBICの円借款業務と民間支援業務とは、基本的な手続きは同じだが、主に支援する対象による違いにも留意して環境配慮の手続

きを考える必要がある。

3. 新環境ガイドラインには何が必要か
――環境と開発に関する国際規範の強化――

　JBICの環境ガイドラインは今回はじめて策定されるのではない。これまでもJBICはガイドラインに沿って融資事業の環境配慮を行なってきたはずである。にもかかわらず環境・社会問題が防げず、問題が明らかになっても解決ができなかったのはなぜだろうか。どこに問題があり、どのようなガイドラインが必要なのだろうか。第2章以降で具体的なケースも踏まえながら考えていくが、ここでは開発と環境・社会配慮に関する国際的な流れを踏まえ、基本的なポイントにだけ触れておきたい。

　上から押し付けられた開発計画に対する「草の根」からの異議申し立てを受けて、環境・社会政策の強化が進められてきたのは国際社会でも同様である。途上国は先進国や国際機関から資金を借り入れながら大規模な経済投資を行なってきたが、広く受け入れられていた考えに反して、底辺の人々は経済投資の恩恵を受けていないばかりか、かえって貧困化したり、強制的に立ち退かされるなどの深刻な人権侵害を受けることは決してまれではなかった。拡大する格差に対する不満はたびたび深刻な社会紛争に発展した。とりわけ、自然資源を重要な生活基盤として利用し管理してきた先住民族や伝統的農漁民、女性等は、環境の破壊によってしばしば深刻な打撃を受けていたのである。

　エコロジー運動やフェミニズム、市民による開発協力などの国際的な展開の影響もあって、あくまで政府に対する開発支援を旨としていた国際機関も、環境・社会政策の強化という形で、悪影響の防止に乗り出すようになる。世界銀行は1980年代から「セーフガード」政策と言われる一連の環境・社会政策の整備を進め、また融資等の支援対象となるプロジェクトの環境スクリーニング（環境観点からの支援対象の選択）の導入、そして開発過程における環境配慮を確保する環境アセスメントの制度化を進めてきた。開発援助提供国で組織される経済開発協力機構（OECD）開

発援助委員会（DAC）でも1985年以降、環境と開発援助に関する一連のガイドラインが策定された。

　開発援助におけるこれらの政策や制度の導入に、私たちは開発と環境に関する国際的な原則が確立されていくのを見ることができる。プロジェクトの経済効果をもって環境への悪影響を正当化する考え方は否定され、なるべく環境に負荷を与えないような開発のあり方を、できるだけ早い段階で選択することが奨励された。このうえでは、地域住民をはじめとするステイクホルダー（利害関心を持つ関係者）が情報を提供され協議されなければならないとされている。ここには、悪影響の防止というレベルを超えて、周囲の環境と深く関わって生活している地域住民らは開発過程から疎外されてはならず、自ら開発の主体として意思決定に参加することができなくてはならないという理念が反映されている。

　もちろん、巨大な利権の絡む開発プロジェクトの現場で、こうした原則に沿った民主的で環境に配慮した意思決定が簡単に実現されたわけではない。開発と環境に関する国際的な規範は、個別具体的な開発プロジェクトをめぐる多くの紛争のなかでその現実的な力を試され、強化されてきたのである。なかでも反対運動が国際的な盛り上がりを見せたインドのサルダル・サロバル・ダムのケースは、数万人にのぼる先住民族や農民が明らかな生存の危機にさらされている状況で、政府に資金を提供するのか、金融機関としての責任がもっとも鋭く問われる機会となった[4]。世界銀行はこの事件をきっかけに、現地住民やNGO等の異議を直接受けて環境・社会政策が遵守されているかどうかを審査する独立審査パネルを設置した。その後も開発機関はプロジェクトの質管理や、被援助国のプロジェクト運営能力の強化支援、環境アセスメントの制度化支援などに力を入れており、国家主権の壁を越えて住民参加と環境保全に基づく開発過程を自ら確保する方向へと、一歩踏み込み始めた。

　さらに1992年にリオデジャネイロで開催された国連環境開発会議（地球環境サミット）は、地球規模での環境劣化を、世界中のあらゆる人々を巻き込みつつあるもっとも重要な国際課題のひとつとして取り上げ、開発と環境に関する国際的な原則を確立するもっとも重要な機会となった。

環境を劣化させ、格差を拡大するこれまでの開発のあり方に変えて、経済と環境、社会の間の持続可能な調和を実現し、現世代のすべての人々と将来世代に公正な権利を保証するような「持続可能な発展」という概念が提唱された[5]。

　このような「持続可能な発展」を達成するために採択された行動計画「アジェンダ21」は、女性や先住民、農民、労働者、企業など、多様な集団の重要な役割に焦点をあてている。ここではもはや国家は特権的な存在とは見なされておらず、多様なステイクホルダーがともに開発の意思決定に関わることが不可欠と考えられているのである。だが、これらのステイクホルダーの利害や関心の質、その影響力は大きく異なっており、これらの人々が平等に意思決定に参加できるためには、公正で効果的な相互交流にもとづく意思決定の枠組みがいっそう重要な意味を持つことになってくる。

　——環境ガイドラインの役割——

　開発事業においてよりよい環境配慮を行なうための指針である環境ガイドラインは、誰が用いるものと考えられているのだろうか。どうもこれまでは、JBICの支援を得ようとする事業者に対する指示書のようなものとして扱われてきたように思われる。もちろん開発事業が地域社会や環境と調和したものとなるためには、何よりも事業者がその重要性を理解し、ごく初期の意思決定段階から十分に社会・環境関心を取り入れるように努める必要がある。そのためにも環境ガイドラインで、事業者に最低限求められる事項を示し、それをよりよく実施できるような指針を与えることが重要である。

　しかし、JBICもまた融資機関として、支援プロジェクトによる環境や社会への悪影響を防止することに大きな責任を負っていることが明確に認識される必要がある。JBICは支援を要請されているプロジェクトが環境・社会面から見て適切なものであるかどうかを確認し、資金提供の意思決定に確実に反映しなくてはならない。その責任と、実行を確実なものにするための手続きや判断基準が環境ガイドラインにおいて明確に文書

化されることは、JBICの社会に対するアカウンタビリティという観点からも必要不可欠である。

　だが、融資プロジェクトによる悪影響を防ぐという責任は、JBICがパターナリスティックな権威として意思決定を独占することを意味しない。環境・社会的に受け入れられる開発を実現するためには、国家や企業だけではなく、直接的に影響を受ける地域住民をはじめとする多様な利害関心を持つ人々の意思決定過程への参加が不可欠であることが、国際的な議論において確認されてきた。同様に公的機関の意思決定においても、影響を受ける現地の人々や関心を持つNGO等が参加することのできる枠組みが保証されなければならない。環境ガイドラインは、公的責任を負う開発金融機関としてのJBICがどのような原則に沿って環境配慮を融資業務に統合するのか具体的なルールを明文化し公開することによって、利害関心を持つ多様な人々がJBICに働きかけ、意思決定に参加することのできる枠組みを示すものとも考えられるのである。

──ODA・OOF共通の環境基準──

　これまでと同じような環境・社会問題が繰り返されるのを防ぐためには、新しい環境ガイドラインは、悪影響を防止する責任を明確にし、ステイクホルダーの参加を保証するものでなくてはならない。と同時に、民間投資に関わる環境問題という新しい課題に対応し、ODAだけでなくOOFについても環境・社会基準を強化する必要がある。

　途上国への増大する民間投資は、リオ地球環境サミットでの国際合意を揺るがしているもっとも深刻な問題の一つである。途上国の努力を支援するために先進国が支出増を約束した公的援助はむしろ減少を続けており、不足する開発資金を補うために途上国では公共セクターの民営化や投資の自由化など、民間セクターの参入を促す政策が推進された。だが、世界の人々や環境に大きな影響を与えているにもかかわらず、急速に移動し情報へのアクセスも難しい多額の民間投資をコントロールする努力は、経済のグローバル化のスピードに追いついていない。市民やNGOは明確な政策を備えた援助機関を通して開発プロセスに影響を与え

ようとしてきたが、民間投資ではこうしたことも困難になってしまう。リオで確認された諸原則がなし崩しにされてしまうことを防ぐためには、民間投資をコントロールするための枠組みを確立することが国際的な急務となっている。

国際金融等業務の扱うOOFについては、日本企業の海外活動を支援することが目的とされているため、途上国の開発支援を目的とするODAと同等の基準をあてはめることはできない、そんなことをすれば日本企業の国際競争力が落ちるといった声もよく聞かれる。だが、今後もますます途上国の開発に大きな役割を果たすであろう民間資金と、公的開発資金との間の「ダブルスタンダード」を放置することが問題をさらに大きくするであろうことは想像に難くない。社会や環境への配慮を欠く民間投資に公的資金を拠出することの問題もある。民間セクターを「持続可能な開発」の実現に向けたグローバルな枠組みに統合することは今や最重要の課題であり、そのためには民間企業による自発的な取り組みもいっそう求められる。

このような環境ガイドラインの強化が、ただちにすべての環境・社会問題の解決につながるわけではもちろんない。開発プロジェクトはそれぞれに現地の個別で複雑な政治社会状況を背景として行なわれるのであり、日本の開発金融制度全体の課題を考えても、環境ガイドラインで改善できるのはごく一部に過ぎない。しかし、開発融資における環境配慮の原則を確認し、そのための意思決定の基本的な枠組みとルールを定めることで、私たちはこれを実行し、さらなる改善につなげることができる。環境ガイドラインの強化は問題の改善に向けたごく小さな一歩に過ぎないが、必要不可欠なステップなのである。

注：
[1] 民間投資はポートフォリオ（有価証券）への投資と、より直接的に事業運営に関わる海外直接投資とに分類できる。海外直接投資は、海外で行なわれる事業の継続的な利益を得るために投資される資金で、その事業にある程度以上の影響力を持つものを指す。OECDによれば、1988年に

187億ドルだった民間資本による途上国向け海外直接投資は、1996年には600億ドルと3倍以上に増加した。
2　アジア経済危機直後の1998年の融資承諾額は約3兆円、1999年度は約2兆5400億円だった。ODA見直し論を受けて今後貸付規模は縮小の方向と見られる。
3　グラント・エレメントとは提供資金の条件の緩やかさを示す指標で、贈与（グラント）の場合が100％である。なおOECDの開発援助委員会（DAC）加盟国中、日本の援助のグラント・エレメントは83.6％（99年）と最も低い。
4　一般に「ナルマダダム計画」といわれるこのプロジェクトは、インド西北部のナルマダ渓谷沿いに大小あわせて数百のダムと灌漑施設を建設する計画の一部である。日本の旧海外経済協力基金は1990年に融資を断念、世界銀行融資は1993年にインド政府の辞退という形で撤回された。インド最高裁は1995年に同ダムの建設停止を決定したが、99年2月には工事再開の許可が下されている。世銀・日本の融資問題に関する詳細は（鷲見1990）、ナルマダ計画の現状についてはhttp://www.narmada.org/またはhttp://irn.org/
programs/india/を参照。
5　「持続可能な開発」概念については、異なる利害をもつ人々の間で多くの競合する意味解釈が行なわれた。ブルントラント委員会の定義に対し、従来の支配的開発モデルを容認するものであるとの批判は数多くなされている。(Dover1989, Bridoch)

参考文献：
・阿部香里「アジアの民活インフラと援助：リスクを負うのは誰か？」JACSES Briefing Paper Series No.11, 1999年3月
・外務省経済協力局編「我が国の政府開発援助　2000」（財）国際協力推進協会、2000年
　「環境・持続社会」研究センター（JACSES）、「ODAにおける環境配慮と持続可能な開発──地球サミット以降の主要援助国7カ国における取り組み」、1996年
・国際協力銀行「年次報告書2000」、2000年
・国際協力銀行「円借款活動レポート2000」、2000年
・国際協力銀行「円借款要請準備のためのオペレーショナル・ガイダンス」

- 鷲見一夫編著『きらわれる援助』築地書館、1990年
- 鷲見一夫『世界銀行』有斐閣、1994年
- 多谷千香子『ODAと環境・人権』有斐閣、1994年
- 地球の友ジャパン「地球を破壊する補助金競争　海外投資と輸出信用機関（ECA）」、1999年
- 福家洋介・藤林泰編著『日本人の暮らしのためだったODA』コモンズ、1999年
- 村井吉敬編著『検証ニッポンのODA』コモンズ、1997年
- R.ブライドッチ・E.チャルキエヴィッチ・S.ホイスラー・S.ワイヤリンガ「グローバル・フェミニズム　女性・環境・持続可能な開発」寿福真美監訳、1999年
- レスター・R・ブラウン編著『地球白書1998-99』、浜中裕徳監訳、ダイヤモンド社、1998年
- International Finance Corporation (IFC), *Financing Private Infrastructure*, 1996
- IFC, *Foreign Direct Investment*, 1997
- IFC, *Project Finance in Developing Countries*, 1999
- OECD, *Survey of OECD Work on International Investment*, 1998
- Rich, Bruce, *Mortgaging the Earth: The World Bank, environmental impoverishment, and the crisis of development*, Beacon Press, 1994
- United Nations, *Agenda 21: The United Nations Program of Action for Sustainable Development*, 1992
- WCED, *Our Common Future*, Oxford University Press, 1987

地図2 インドネシア・ルヌン水力発電所所在地

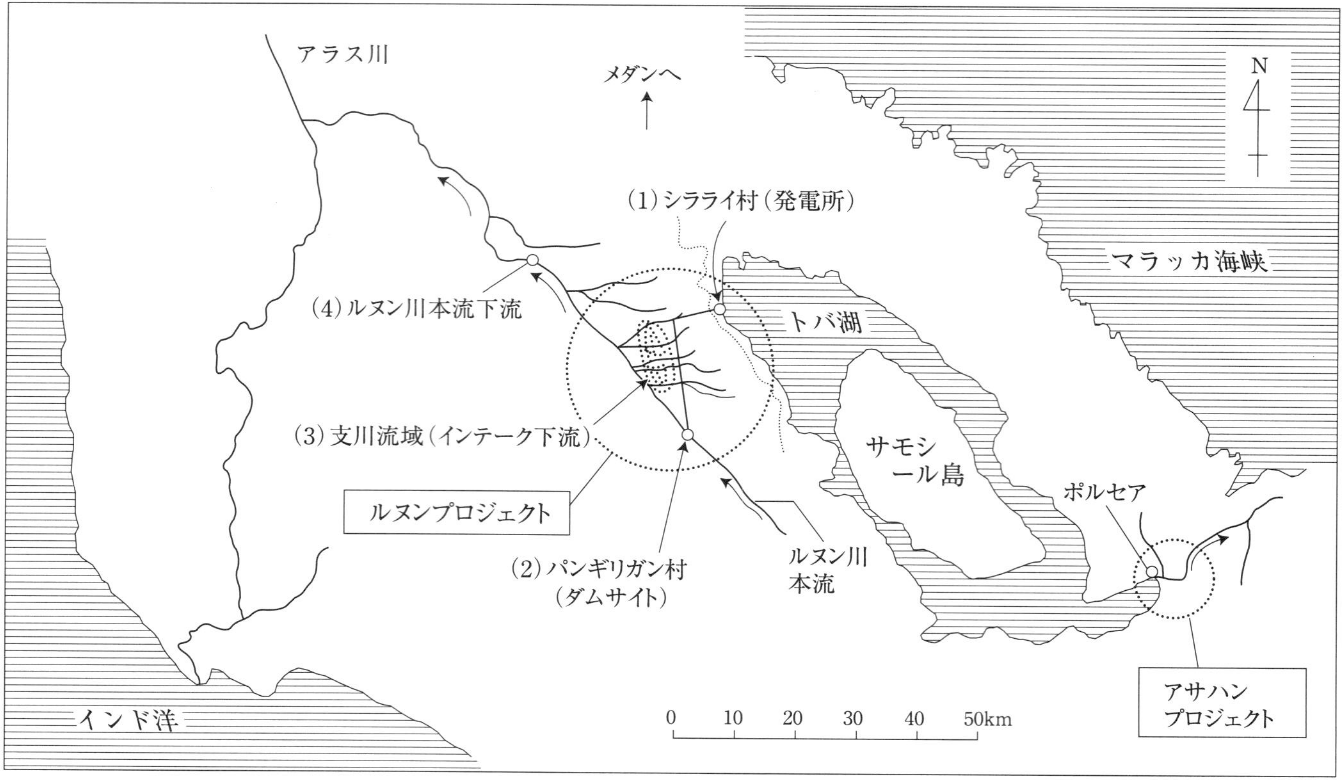

第2章
誰のための水資源開発？
インドネシア・ルヌン水力発電所及び関連送電線建設計画

岡本幸江

地図1　インドネシア・スマトラ島周辺図

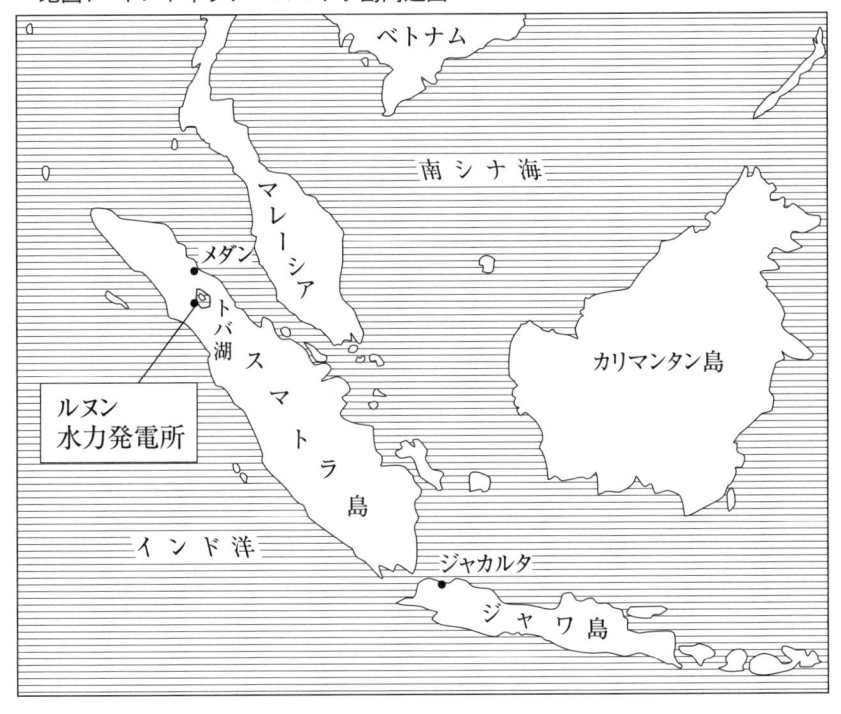

1. プロジェクトの概要・背景

——プロジェクトの概要——

　水力発電プロジェクトは、トバ湖の南西の外輪山の外縁を源としてインド洋に流れているルヌン川本流と、11の支流にダムを設置し、約20ｋｍの導水管（トンネル）でトバ湖畔の水力発電所へ水を送り、湖水面との落差約500ｍを利用して4万1000ｋＷの発電機2台を回そうというものである。電力は約120km離れた州都メダンへ送られ、今後、同市が工業開発によって増大すると思われる電力需要をまかなうものと位置付けられている（地図1を参照）。

　このプロジェクトはインドネシア共和国鉱業エネルギー省電力公社が事業主体となり、事業資金をOECF（海外経済協力基金）が円借款で融資している。建設工事には韓国企業HYUNDAIの他にメルチュ・ブアナ、ジンロ、プリマ・サラナ・マンディディなど地元企業数社が参加している。

　事業費は、1985年エンジニアリング・サービス（工事実施のための技術的調査）の9億1000万円（年利3.5％、返済期間30年）、91年第1期工事の54億6000万円（2.6％、30年、以下同じ）、93年第2期工事の156億6800万円、94年第3期工事の54億7900万円の総計275億1700万円であるが、円借款により発生するインドネシア政府の元利と合わせた返済総額（2024年返済完了予定）は423億5489万円になる。しかも、この数字は借入れ当初の1980年代後半の時点のものであり、その後のインドネシア通貨ルピアの下落を考えると、インドネシア側の負担は大きく膨れ上がっている。

　実施可能性調査（フィージビリティ・スタディ。以下F/Sと表記する）はJICA（国際協力事業団）に委託され、1983年7月〜1985年3月まで行なわれた。その報告書は1985年5月に出され、プロジェクトの早期実施が強く勧告されている。また、北スマトラ大学と電力公社北スマトラ発電配電主要プロジェクトが合同で実施した環境アセスメントは、1986年6月ファイナル・レポートとして出されている。この中でも「（本プロジェクトは）技

術的にも経済的にも財政的にさらに環境の面からも実施するのが妥当である」と結論づけている。工事は1993年より開始され、2000年5月稼動を予定していたが、まだ完成にはいたっていない。

——地域の概況——

トバ湖は面積1145km²、最大深度450m以上の東南アジア最大の湖である。火山の爆発でできたカルデラ湖で周囲は切り立った山に囲まれている。湖面はアサハン川に建設されたダムによって標高905.0と902.4mの間に調整されている（しかし、98年の干ばつの際には水位は2〜5mも下がった）。湖水は南東端のポルセアからアサハン川を通してスマトラ島東岸のマラッカ海峡へ注ぐ。総河川長は150kmである。

ルヌン川は、トバ湖を囲む外輪山の西斜面に沿って南西から北東へ向けて流れ、アチェ州に入ってアラス川に合流して、スマトラ島西岸からインド洋に注ぐ。アラス川合流点までの流路長122km、全流域面積は1910Km²である。

この地域はバタック人が住む地域である。バタック人は5つの亜種族からなり、トバ湖周辺及びルヌン川上流には主にトバ・バタック人、支川流域には主にパクパク・バタック人、ルヌン川下流にはカロ・バタック人が住んでいる。

——影響を受ける地域の人々——

一方、この事業の実施によって影響を受ける地域および住民は、以下のように整理できる。いずれの地域もすでに電化は済んでおり、この事業で発電された電気の恩恵を直接受けるわけではない（地図2参照）。

(1) シラライ村（発電所）

水力発電所が建設されるトバ湖側の村で、村びとの主な生業はトバ湖での漁業と赤たまねぎの栽培である。岩がたいへん多く、畑地のほとんどは岩を砕いたものであるが、かなり以前から少しずつ広げられた段々畑の眺めは壮大である。発電所建設が佳境に入った1999年には、畑地の一部はコンクリート製造工場になっていた。発電所の建設により切り立

った山肌が削られ、土砂がトバ湖に流れ込んでいる。また、資材を運ぶプロジェクト・ロードが建設されているが、標高差が大きいため落石が多い。

(2) パンギリガン村（ダムサイト）

ダムサイトはルヌン川に沿った自動車道路が川と交差するパンギリガンで、標高1380mの地点にある。ダムによって最高標高1410mまで水位が上昇し、上流約3.5kmまでの川岸が水没することになっている。ここは道路沿いに人家が集まり、水田耕作がされている。F/S、環境アセスメントでも水没による移転、代替地、補償問題に多くが割かれている。

(3) 支川流域（インテーク下流部）

取水が予定されているルヌン川上流部の11支川の流域。それぞれのインテークの下流には集落と約2000ha（ヘクタール）の水田耕作が行なわれている。それぞれの支川に伝統的水管理人（ラジャ・ボンダル）が存在し、水の配分及び水路の管理を行なっている。このプロジェクトによって水田耕作および生活用水の不足が予想される。支川流域は、先住の人々であるパクパク人の慣習法によって明確な土地利用がされていたが、プロジェクト・ロードが建設された上流部の保護林は本プロジェクトの実施以前から外部の者によって伐採が進んでいる（地図3参照）。

(4) ルヌン川本流の下流域

ルヌン川下流域では本流に沿って水田耕作ができそうな場所はシポルトンの上流部分だけである。

――アサハン水力発電プロジェクトとの係わり――

上記の目的でみたとおり、ルヌン水力発電はインドネシアの工業化に伴う電力需要、とりわけ北スマトラ州都のメダン及びその周辺の重工業団地建設に向けて電力を供給しようということになっている。しかし、この計画の出発点はアサハン・ダムと深くかかわっている。ルヌン水力発電プロジェクトは、1972年日本工営作成「アサハン河総合開発計画における第2発電所建設プロジェクト」という報告書ではじめて提案された。1972年は、インドネシア政府がアサハン川水資源開発のためのF/S（実施

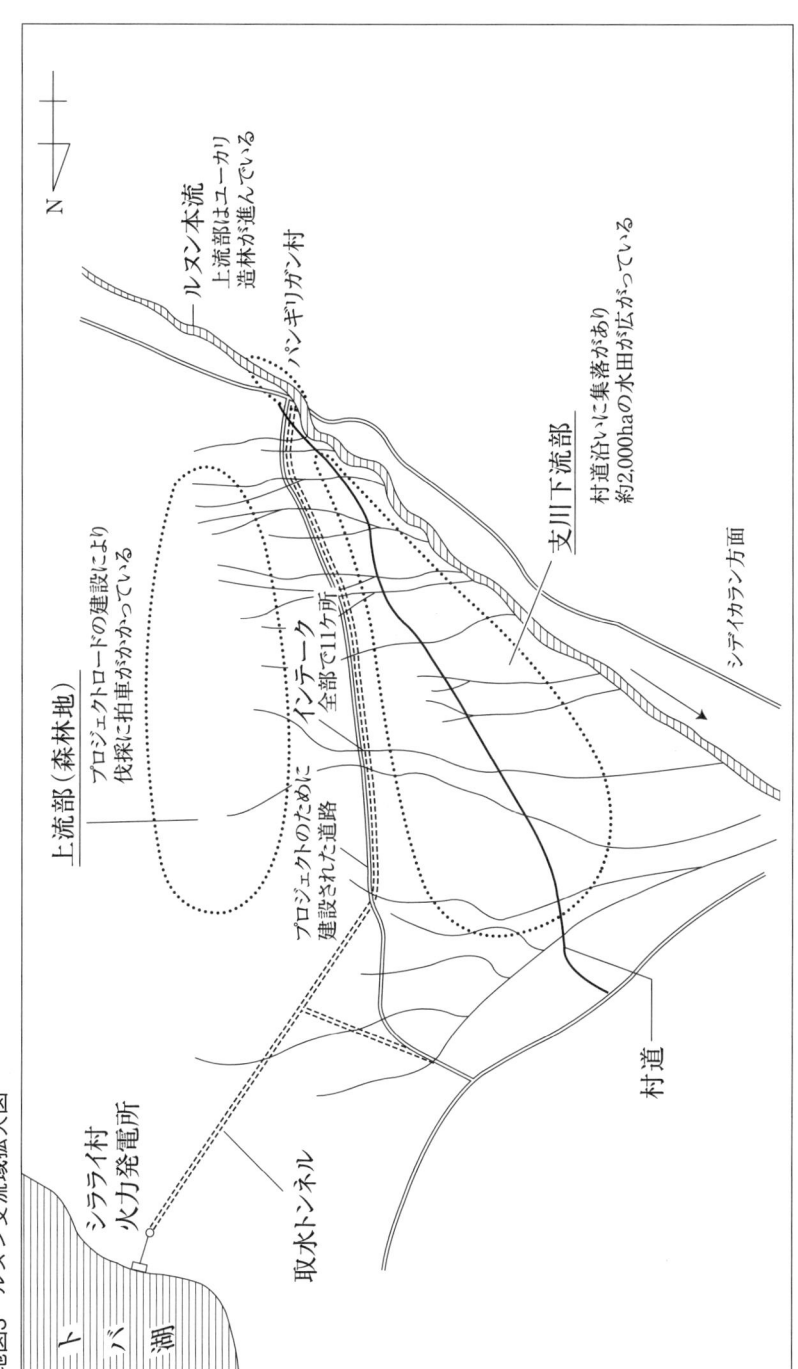

地図3 ルヌン支流域拡大図

可能性調査）を日本工営に委託してわずか2年後である。したがって、ここでアサハン水力発電について知っておく必要がある。

アサハン・ダムは投融資合わせて4000億円近い日本からの資金援助により鳴り物入りで完成したアルミ精錬プロジェクトの電力源である。アサハン・ダムはトバ湖から直接流れ出す唯一の川であるアサハン川の渓谷に造られた二つのダムからなり、ここでつくられた電力の99％は120km離れた海岸にある精錬工場へ送られ、生産されたアルミ地金の60％は日本へ供給されるというものだった。ダムの完成前から発電量増量をめざして第3のダム建設が予定されていたが、アサハン川への流出口を広げたため当初より指摘されてきたトバ湖の水位低下の問題が起きていた。

アサハン・ダムの完成を翌年に控えた1983年1月に行なわれた「ルヌン水力発電開発計画事前調査」では、「本件のルヌン水力発電計画は、このトバ湖・アサハン川一貫開発計画の一環をなすもの」で「本計画は今までトバ湖に流入していなかったルヌン川流域の水を一部切り替えてトバ湖に落とし、その過程で9万ｋWh（最大出力）、3億kWh（年間可能発生電力量）の発電を行なうとともに、流域変更に基づく増加水量における6.12億kWh（年間可能発生電力量）の下流増電力を期待するものである」（同調査報告書、1983年3月）と報告されている。

2．主な問題点

地域の人々がこの事業について知ったのは、1993年から始まった建設工事による。まず、土地の収用をめぐって問題が起こった。さらにルヌンの水が入り込むトバ湖周辺の人々からも不安の声が上がった。ルヌンの水は焦げ茶色をしており、それが透明度の高いトバ湖に入った場合の影響を懸念してである。また、NGOからは地域の人々には直接恩恵をもたらさない点と、膨大な円借款が果たして経済的に見合うのかという疑問が出された。

この地域で活動するNGO（KSPPM:住民主体の開発を考えるスタディグルー

プ）の要請を受け、1996年8月JANNI（日本インドネシアNGOネットワーク）は水質専門家を派遣し、「ルヌン川流域河川調査」を行なった。その結果、一番大きな影響を被ると思われるのは支川流域の人々で、支川の取水により水田耕作および生活用水の不足が懸念されることがわかった。それによって伝統的な水管理人のシステムが崩壊する恐れもある。さらにプロジェクトロード（11の支流のインテークを通る道路）の建設により、この地域が慣習法によって水源涵養林として守ってきた上流部の森林の伐採に拍車がかかってくるなど、経済、社会、文化的な影響も大きい。11の支川の水が少なくなれば、おのずと生態系にも影響を及ぼすことが考えられる。

ルヌン本流下流域については、上記で述べたように水田耕作面積が小さく、他の支川からも流入するので大きな影響はないと判断した。

水没予定地のパンギリガンについては、96年の時点で村びとは水没についての話を聞いたこともないという人が多かったが、村びとの多くは外部から入植してきた人（新住民）であるため、仮に移転となっても土地への執着は少ないのではないか、というのが地元NGOや先住の人々の話であった。99年の時点でも特に村に変化はなかった。ある村びとはプロジェクトに変更があって水没しなくなったと話していたが、電力公社や地方政府が正式に発表していないのでなんとも言えない。仮にF/Sや環境アセスメントどおりに水没し移転するとなると、移転先をめぐって新たな問題が生じると思われる。F/Sでは「移転予定地の周辺には代替地がいくらでもあり水田耕作が可能」となっているが、支川上流は丘陵地帯で水田にするには難しいところである。また、上流に集落を開発するとなると、下流域への影響がでてくることは必死である。何はともあれ、今のところ地域住民からの問題は報告されていない（2001年12月にJBICに確認したところ、プロジェクトの設計変更により水没しないことがわかった）。

発電所が建設されているシラライ村については、土砂崩れなどの他にプロジェクト・ロードの建設による影響が考えられるが、十分な調査を行なえないままである。

したがって、ここでは特に問題だと思われる支川流域を中心に本プロ

ジェクトの主な問題点を以下に整理する。

—— プロジェクトの妥当性　（目的の変遷、経済性）——

　プロジェクトの目的については大きな変遷がある。上記で述べたように、計画の発端は、明らかにアサハン川への水量供給を前提にしての流域変更計画であった。すなわち日本への廉価なアルミニウムの輸出増加を見込んでのことである。しかし、その後のアルミニウムの国際価格の暴落により、アルミニウムの精錬・輸出事業を担っていた日イの合弁会社イナルンは減産に追い込まれている。タンジュン・バライの製錬所では、8機ある精錬機の5機までが稼動停止を余儀無くされている状態である（1998年8月の時点）。このような状況の変化もあって、ルヌン発電の目的も工業化への寄与が強調されてきている。しかしながら、その後のルピアの下落を考えるとき、果たしてプロジェクト試案段階での見通しは適切であったのかという疑問が残らざるをえない。経済危機など誰も予想できなかったとはいえ、あまりにもインドネシア側には重い負担となっているのではないか。

　さらに、このプロジェクトの直接の影響を被る地域の人々はその恩恵を受けるわけではない。地域の人々にはなぜ水力発電が必要なのかわからない。デイリ県政府やF/Sの結論の部分で言われている本プロジェクトがプロジェクト地域周辺住民への生活水準の向上に寄与するという根拠は、「電化の促進や工事用・維持管理用道路（いわゆるインスペクション・ロード：筆者註）の建設によりもたらされる交通輸送条件の改善による」というものである。しかしながら、電化の促進はこの地域ではすでに行なわれているし、また地図2で見るように、この道路によって便利になるのはわずかな人々でしかない。まずプロジェクトの一番の影響を受けると思われる支川流域の集落からは、この道路にアクセスするには迂回せざるをえなく、日常的に利用するものではない。むしろ上流の森林を不法に伐採する業者や役人、伐採後にコーヒーなどを栽培している外部からやってきた新住民にとってはかなり利便性が高くなる。したがって、この道路はあくまでもプロジェクトの管理用道路であり、副産物と

しては支流の上流域の森林伐採に拍車がかかることに寄与する方が大きい。

また、雇用の創出についても、地元NGOや新聞によると、実際に工事現場で働いている者は、ジャワ、アチェなどの外州の者で、地元の人々は少ないのである。

──土地問題──

水力発電プロジェクトにかかわる面積は、25160haで、2郡10ヵ村にまたがっている。これらの土地は、森林18862ha、水田2501ha、草・薮地1702ha、畑地714ha、混合植栽地953ha、農園403haである。

森林も含めたこれらの土地の大部分が慣習首長の所有する慣習法地である。土地の収用はデイリ県長を委員長とする土地収用委員会が担当したが、補償金の算定や所有者の認定の過程が不明瞭だと地域住民の不満を招いた。また、所有をめぐっては、パクパク人地域とトバ人地域の境界が含まれていたため、両者の間で紛争が起こり、1993年には9名のトバ人が負傷した。逆に、ベースキャンプ用地の6.8haはパクパク人の慣習地であったが、95年に電力公社はシディカラン在住の工事請け負い業者のGMシラライ（トバ人）から同地を購入した。土地所有証明書の発行など手続きは不明のままである。GMシラライに対しては土地代　4億7250万ルピア（Rp. 7,000／m2）、木材・ラタン代　3754万2800ルピアが支払われている。これに強く抗議したパクパク人のマタナリ氏に対しては殺人をほのめかす脅迫が続いた。

──支川流域の取水の問題──

96年にJANNIが行なった調査の結果、本プロジェクトによってもっとも大きな影響を受けると思われるのがこの地域であった。この調査の時点ではNGOや地域住民の再三の要請にもかかわらず、電力公社側は環境アセスメントを公表しなかったため、当時の調査はもっぱらF/Sを参考にして行なわれた。F/Sにおいてプロジェクトが実施された場合の環境面での懸念として5項目があげられているが、この支川流域の水利用に及

ぼす影響も含まれている。ここでは流域変更が支川流域にある水田にそれほど重要な影響を及ぼすことはないとしながらも、「詳細に調査研究の上、日常の生活水を主として既存の灌漑施設に依存している地域社会のために、水田用水を確保する代替施設や水道管網の建設等の対策を講ずる必要がある」としている。ちなみに最近やっと入手できた環境アセスメント（電力公社は相変わらず公表していないので、筆者の個人的なつてを使って入手した。その際、アセスメントのコピーを提供した人物は「公社にばれたらたいへんなことになる」と話していた）では、JICAのF/Sで1000haとされていたこの流域の水田面積を2000haと訂正した上で、「なんらかの対策をたてないと深刻な事態を招く」と記している。

96年当時、水不足を懸念する地域住民に対して地方政府は、「全流量の13％しか取水しないから、水不足にはならない」との説明をしていたため、地域の伝統的水管理人たちはプロジェクトの影響に対して楽観していたふしがあった。しかし、JANNIの調査によって、この13％というのは、実は取水域の面積がルヌン川全流域の13％に当たるという意味であり、取水域にあたる支川流域からは100％の取水をする計算になることが明らかになった。このことから、地方政府および電力公社がF/Sや環境アセスメントの指摘にもかかわらず、なんら対策を講じていないことが明らかで、住民の不安はにわかに現実のものになっている。

最近になって電力公社側は「とにかく全部を取水するのではない。水田に必要な分は放流する」と説明を変えている。では、一体どれだけの水が支川から取水されるのか？　発電に必要な流量やルヌンの流量のデータがまちまちなのも住民を不安にさせている。

電力公社が出している「ルヌン水力発電土地利用の管理」には、発電機を回すために毎秒10㎥が必要とされている。しかしながら、ルヌン川本流の流量は8.88㎥／秒しかない。そこでどうやって不足分の1.12㎥／秒をもってくるかという問題がある。ルヌン水力発電プロジェクト・リーダーは、実際にはルヌンの流量は22㎥／秒であると話しているが、デイリ県政府のデータではたったの8㎥／秒しかない。

一方、F/Sでは発電に必要な流量が12㎥／秒で、ルヌン川本流の流量

を6.7㎥／秒（1982・1983年2年間の平均流量）としている。そして支流の比流量はルヌンのダム地点とほぼ同じで、100K㎡当たり約5㎥／秒と計算している。環境アセスメントは　F／Sのデータを用いている。しかしながら、データを詳細に見てみると、1982年の最大流量が46.5㎥／秒、最低流量は1.0㎥／秒、平均流量6.8㎥／秒である。1983年は最大流量33.4㎥／秒、最低流量2.3㎥／秒、平均流量6.5㎥／秒で、最大、最小の差は46.5〜15倍と高く、月によって流量の差が大きい。このような場合に果たして平均値をもとに流量が十分か否かを決めるのは適切であろうか？何よりもいずれの報告書でも認めているようにデータ（たった2年分）が不十分すぎるといえる。少なくとも環境アセスメントではこの点についてもっときちんとした調査が行なわれてしかるべきだったであろう。

　さらに後の項目で述べるが、ルヌン本流の上流部及び支川上流部での森林の伐採が進んでいることを考えると、F／Sから15年以上経った現在、流量はかなり変化していると思われるし、今後も変わる可能性が高い。したがって、支川流域地域の水田耕作及び生活用水の確保が危うくなる可能性が高まっていると言える。

1986年環境アセスメントで示されたパンギリガンにおけるルヌン川の流量（m³/秒）

年月	最大 1982	最大 1983	最大 1984	最小 1982	最小 1983	最小 1984	平均値 1982	平均値 1983	平均値 1984
1月	5.2	33.4	38.6	2.1	2.7	5.4	2.6	5.8	15.1
2月	39.9	10.8	31.8	1.0	4.4	3.4	4.3	5.3	8.0
3月	21.5	16.2	32.9	1.9	3.7	4.2	8.0	5.3	10.8
4月	46.5	12.0	31.7	3.4	3.0	5.6	14.2	4.7	8.7
5月	33.4	20.2	25.1	3.9	4.3	5.5	12.1	9.0	10.6
6月	7.9	20.9		2.3	2.4		3.1	6.1	
7月	5.3	5.0		2.2	2.3		2.7	3.0	
8月	3.9	12.0		1.8	2.9		2.6	4.3	
9月	14.3	33.0		2.1	4.0		4.7	11.4	
10月	33.4	31.4		2.0	5.5		7.4	10.1	
11月	23.6	12.0		5.2	2.8		12.1	4.9	
12月	18.3	24.2		5.3	3.3		8.2	8.5	
平均							6.8	6.5	

（データの出所はJICA（1985）となっている）

——社会・文化に対する影響——

　上記の土地問題の部分でも触れたが、この地域にはパクパク人が先住の人々として伝統社会を形成してきた。彼らは水管理だけでなく、土地についても明確な境界線を定め、慣習法にもとづいて土地の利用を行なってきた。

　彼らは森林は神聖な地であり、その機能を水源涵養地として考えている。また、ここで沐浴すると治癒すると言われ、病の時に訪れる場所としている。また、川についてもルヌン本流へ流れる川（ラエ；Rae）とトバ湖へ流れる川（ビナガ；Binaga）と区別している。

　土地は6つに区分され、それぞれの用途が定められている。東（支流の下流側）から西（トバ湖）の方向へ向かって1）集落、学校など（Hutaperkutan）、2）家畜放牧地（Membar-embar）、3）耕作地（Ramba enkuduk）（水田耕作が導入される前は3年に1回の間隔で移動を行なっていたが、1920年灌漑用水が造られ、1942年から完全水田耕作へ移行した）、4）永年性作物栽培地（Balik Batang）、5）入会林（Taling Entua）（自家消費用に限られる。販売禁止。他村の人は慣習法10％を支払って木を利用する）、6）保護林（Kerangan Entua）である。実際に現地を観察するとほぼこの区分に沿って土地利用が行なわれてきたことがわかる。彼らが所有する支流域の森林面積は約1000haである。

　しかしながら、水力発電所建設計画の噂が広がった91～92年頃から森林伐採が顕著になりはじめた。伐採の後には外部から人々が入植しコーヒー栽培などをすすめている。新住民の中には慣習法に従って土地を購入した者もいるが、新住民の入植が顕著になる以前から、地域の権力者（軍関係、政府役人など）らによる伐採は行なわれていた。この地域が法律的には1960年の農地基本法により国有林とされ、保全林（Hutan Lestari No. 62）と指定されたことを、紛争がひどくなるまで住民はほとんど知らされていなかったという現実があるが、本プロジェクトによって森林伐採が進み、慣習法による水源の保護や土地利用の維持が難しくなっている。政府がもはや保全林として扱わないのであれば、その土地（保全林）

を住民に返還することを求めている（1999年8月支流域の約3分の2に及ぶ面積を慣習法地としてきたシラマタナリ氏族（パクパク人）からの聞取り調査による）。

また、支川の水がなくなれば、おのずと伝統的水管理人の仕事も消滅するわけで、この点からもこの地域の社会や文化が変化することは避けられない。しかし、それは地域住民の合意の上にされたものではない。

3. JBICの手続き・ガイドライン内容・実施体制等の面からの問題点の分析

——(1) 調査の甘さ～影響を被る人々の立場にたった視点の欠如——

F/S（実施可能性調査）の問題

上記で述べてきたように、特に影響を受けるのは支川流域の人々であり、この問題に対して「何らかの対策を講じる必要がある」と述べているにもかかわらず、支川流域についての調査が不徹底と言わざるをえない。まず、F/Sの地図上のどこにも村道、村落の表示がなく、実際に影響を受ける集落の位置が不明である。果たしてこれらの集落を実際に調査したかどうかの疑いさえいだかせる。好意的にみてもプロジェクト・ロード沿いに入植してきた新住民の集落（彼らは上流部の森林を伐採している）と混同したのではないかと疑わせる。したがって、2-1で述べたようにこの地域の人々が必ずしもプロジェクト・ロードへアクセスするのが容易ではないにもかかわらず、あたかも恩恵を受けるかのようなことが言えるのだろう。

流域変更による影響をほのめかしながら、それによる支流域の生態系に対する影響評価がないだけでなく、この地域社会が新住民と先住の人々（旧住民）で形成され、先住の人々の間では伝統的水管理人を中心とした水稲栽培の文化、価値観が培われていることへの言及がない。

また、どれだけの水が支川から取水されるのかという問題についても、F/S報告書では「ルヌン川全流域面積の13％すなわち約12㎥/secの河川水が、水力発電のためにトバ湖へ流域変更されることになる」とあるの

みである。この表現が電力公社や地方政府が地域住民に対する説明の際に悪用されたと言っても過言ではない。

調査をする側には、残念ながら影響を受ける地域の人々がそこで生活を営んで暮らしているという視点が著しく欠けている。

環境アセスメントの問題

環境アセスでは、支川流域下流がダイリ県の米倉であることを重視し、F/Sで1000haとした水田面積を1800〜2000haと修正し、「計画的に対策をたてないと深刻な事態を招く」こと、さらに「水田への灌漑を行なった上で、余った分を発電へ回すようにするべきだ」と提案している。その上で、どれだけの水を発電へまわせるかという計算がされているが、残念ながら、F/Sで使われた1982年と83年の数値に基づいている。データが乏しいだけでなく、その信頼性においてかなり疑わしいというのがインドネシアの統計に対する一般常識になっている以上、もっと時間をかけて現場での調査が行なわれてしかるべきではなかったか。

もう一つ気にかかるのは、支流域住民の水の需要量の計算である。水田耕作にどれだけの水が必要かという計算は、実はそう簡単ではないはずである。水田の地質（粘土質か砂が多いか）、稲の品種、地形などさまざまな要因が影響することは容易に想像できる。

環境アセスメントではその事実を認めた上で、ルヌン地域のデータがないことから、西ジャワ州ボゴール、ブカシのデータを使って、水田耕作に必要な水の量を算出している。

ちなみに筆者が日本の場合について農林水産省の知人に問い合わせたところ、土地改良事業のパンフレットに10アール当たり2600〜3000㎥という数字を得ることができたが、その際、農林水産省の知人は、「この数字はあくまで一般的なものであって、当然、それぞれの地域で、また水田の地質などによって大きく異なる」と注釈を加えた。

アセスメントに限らず、調査では計算式や数値が用いられ、それがあたかも客観的で科学的な印象を与えているが、果たしてその数値が妥当なのかどうか、疑問に思う。

このケースの場合であれば、各支川に伝統的水管理人が存在している。

彼らは川に水かさがどれくらいあれば、今年は水は十分であるとか、あるいは不足ぎみだから、どれだけの水田を畑作に転換するかを決める知識と技能（Local knowledge）を持っている。そういった地域の人々の知識を積極的に採用し、それを基に水の需要量を算出した方がもっと説得力があっただろう。

評価の視点

　事業の評価で気になるのは一方的な価値観によるものが多く、実際に地域の人々はどう考えているのかという視点がないことである。たとえば、環境アセスメントでは、地域経済へのプラス効果として、「プロジェクトにより雇用の機会が増える」という。しかしながら、それが土地を失ったり、生活の糧である水稲栽培と引き換えのものであっても地域の人々がよしとしているかという観点からの検証がない。あるいは「電力発電によって、精米所のような家内産業を起こすことができる」としているが、それには水田の水が確保されることが前提であるし、精米所ができることによってさらに水田耕作面積が増え、もっと水を必要とする

支川の一つ。別にかんがい用水が作られている。村人全員で作ったという。ここをせき止めてインテーク（小規模ダム）が造られるのだ。（1996年撮影）

可能性もでてくる。また「主ダムで魚の養殖をしたり観光客を誘致できる」とあるが、水を失った支川流域の人々がその事業を行なえるというわけではない。

このようにみてくると、プラスの影響評価というのが、一面的な見方であって、多面的な評価がされていないと感じる。何よりも地域の人々の視点に立っていないと思われる点が多々ある。

調査後のフォロー

環境アセスメントでは、事業の各段階で評価を行なうことを条件に、発電所建設は適切であるとしている。しかし、アセスメントの終了から工事開始まで8年が経過しており、その間に環境の変化に応じた見直しがされた痕跡がない。

何よりも、F/Sと環境アセスメントのいずれにおいても支川流域の水不足の恐れについて触れており、特に環境アセスメントにおいてはかなり踏み込んだ表現になっているにもかかわらず、事業者側がなんら対策をたてた気配がない。それどころか、上記で述べたように、取水される流域の面積が全流域面積の13％であることを、あたかも支川の流量の13％しか取水しないというふうにごまかしてさえいる。このことは事業実施者にとって、F/Sや環境アセスメントが単なる手続きの一つにすぎないことを意味しているのではないだろうか。とにかく事業実施が是であるという結果さえ得られれば、個々の問題点に対する提案などはどうでもよいという印象を受ける。F/Sや環境アセスメントで指摘された問題に対して、事業者側がきちんと解決策を持っているかをチェックする独立した機関が必要ではないだろうか。

──(2) 情報の非公開性と操作──

このプロジェクトは1983年からF/Sが始まったにもかかわらず、一部の人を除いて地域住民のほとんどは1993年に工事が始まってから初めて知ることになる。それ以前に知っていた人々でも、プロジェクト施設の建設用地の買収と絡んだ噂や森林伐採が進んだ91年頃からなんとなく感じていたという程度である。また、一部の伝統的水管理人たちには、郡

長と農業局から「水は13％しか取らないから心配しなくてもよい」という説明が93年頃あったという。地元のNGOやジャカルタのNGOがこの計画を知ったのは94〜95年にかけてである。また、NGOの再三の要求にもかかわらず、電力公社は環境アセスメントを公表しなかった。96年の時点でジャカルタを中心とする夕刊紙「スアラ・プンバルアン」の記者が県長に面会した際環境アセスメントについて尋ねたところ、「とにかく問題ない」の一点張りで、環境アセスメントは電力公社に要求せよと言われている。

このように、プロジェクトの推進側は情報の公開にまったく消極的というよりもむしろ開示を拒んでおり、操作すら行なっていた。

したがって、JANNIが行なった96年の調査の際も、また98〜99年の調査の際にも村びとから、「実はプロジェクトサイトには金鉱か何かがあるらしい。日本はそれを調べて独占しようとしている」などという話を聞かされたのも無理はない。この噂はおそらくトンネル工事か地質調査をみてそう思い込んだものと思われるが、地域住民に対してプロジェクトの説明をしなかったことがこのようなあらぬ疑いを持たれる原因になっている。

土地収用をめぐる補償問題については、収用委員会の手続きが不透明で、地域住民同士に不信感が生まれ、紛争すら起きている。

—— (3) 地域住民やNGOに対する圧力（行政／軍・警察当局）——

96年に支川流域の人々がこのプロジェクトの問題で住民集会を持ったところ、治安当局がやってきて強制的に会は解散させられ、リーダー格のピスタール・マタナリ氏他数名が逮捕された。それ以降もプロジェクトに異議を唱えるものに対して殺人をほのめかす噂などが流れ、住民側は沈黙を余儀なくされた。当時のインドネシアではこのように地域住民の動きを権力で押さえ込むことが日常茶飯であった。このような状況では地域のNGOも表立った活動ができなかった。

したがって、土地に対する補償の問題や取水に対する問題について、住民側から大きな反対運動が起こらなかったからといって、それがただ

ちに地域住民がプロジェクトに納得しているとか賛成であるということではない。むしろ、このプロジェクトは地域住民を公権力によって押さえ込むことで進められたと言ってよい。

── (4) 98年以降の動き ──

98年～現在の地域住民の動き

スハルト政権の崩壊は、これまでプロジェクトに不安を感じながらも思ったことを十分に言えなかった地域の人々にとってわずかながら変化をもたらした。

98年8月、JANNIが開催した北スマトラの地域住民やNGOスタッフを対象にした環境モニタリングに関するワークショップをきっかけに、ルヌン川支川流域の人々の間に、自分たちでモニタリングを行なおうという気運が生まれてきた。そして99年には各支川の水管理人たちを中心に15グループがそれぞれのインテークの入口と出口の流量を簡易な方法で定期的に測定し記録をつけることになった。発電所が稼動した後、どのように流量に変化があるかみるためである。

さらに、水田耕作面積の記録をつけるようにした。こうして、もし取水によって水田へ流れる水が減り、稲の収量が減少した場合には電力公社や地方政府に補償を求めようということになっている。また、水管理人たちを中心にして、行政側に対して発電所の稼働後の生活水、農業用水の確保を要求するための交渉を続けて行くことになった。

モニタリング活動の中でみえてきた地域内の問題

支川流域の人々のモニタリング活動を支援してきた中で、新たにわかったことがある。それはこの地域には先住のパクパク人の他に新住民がかなり存在しているということだ。慣習法による土地の所有権は先住民のパクパク人にあり、新住民のほとんどは小作農であった。仮に米の減収に対する補償がなされた場合、この地域社会の農業生産システムをさらに調査し、これら小作農の新住民の生活にも支障がきたさないよう十分配慮する必要がある。

──(5) 今後の大きな問題点としての流域内の森林伐採問題──

　上記でも少し触れたが、ルヌン本流及び支川上流部の森林伐採問題はこのプロジェクトの成否を揺るがす大きな問題であるにもかかわらず、ほとんど対策がとられてこなかった。

　1996年の日刊紙は、「ルヌン川流域の水量を維持するためには、土地利用も含めた水源の涵養計画が必要になってくる。そのためには480haに及ぶ森林を保全する必要がある。それがなされない場合、流量は確保されず、水の利用に影響が及んでくる。しかしながら、この水源涵養については事業者の方ではまだ手をつけていないといってよい」と伝えている。

　98年と99年に、筆者はルヌン本流及び支川上流部の森林の状況を調べたが、ルヌン本流は天然林を少し残すものの、ほとんどがトバ湖南東岸にあるパルプ会社（IIU社：在ポルセア）が産業造林事業権を得て（それ以前は森林伐採事業権が設定されていたと思われる）ユーカリ林に変わっている。この一帯のユーカリ造林面積は3000ha（98年、IIU社聞取り）に及ぶ。また、残っている天然林についても地域住民による伐採が続いていることは明白である。毎夕方になると幹線道路沿いにラタンや薪木が整然と並べられ、シディカラン市に売られているのである。

　さらに支川流域上流部でも森林伐採がかなり以前から行なわれ、最近はそこにコーヒーを栽培する新住民も多く入植しはじめている。

　このまま伐採が続けば発電のための水量は確保できず、プロジェクトが失敗するのは目にみえている。また、たとえ伐採をやめたとしてももはや計画通りの水量は確保できないだろうと思われる。

　ここでも問題なのは、F/Sや環境アセスメントである。たしかに調査を行なった時には、「この一帯は熱帯のジャングルに被われていた」（F/S,6ページ）だろう。しかし、1980年代はインドネシアの林業はすでに原木伐採のピークは過ぎ、産業造林（ほとんどがパルプ用材）に移行している時期である。伐採がひどすぎて、インドネシア政府がついに原木輸出を禁止したのが1984年である。

　なぜこのような事態を予測できなかったのか？　マクロ経済や地域経

済の分析を行なっていたもかかわらず、林業部門の流れがどうなっているかという視点が欠けていたというのでは、あまりにお粗末すぎる。将来の予測が現実のデータに基づいたものではなく、プロジェクトの実施が前提となっており、それを補完するためだけに行なわれたのではないかと疑わざるをえない。本来ならプロジェクトの一環として、十分な水量を確保するため上流域の森林保全事業を進めるなど、なんらかの対策を講じるべきであった。

4. まとめ

このように見てくると、このプロジェクトが住民のニーズに基づいて提案されたわけではなく、まず日本向けの廉価なアルミニウム輸出のための水力発電が発端であったこと、それにもかかわらずプロジェクトの直接の影響を受ける地域住民に対して情報がほとんど公開されなかったこと、情報や手続きの透明化を求める地域住民に対して公権力による圧力があったことが、根本的な問題としてある。

プロジェクトが住民のニーズにあっているかを調査し、プロジェクトの影響を受ける地域や人々に対して十分な説明を行ない、合意を得る必要がある。本プロジェクトの場合、地域住民の理解を得る努力をしなかったために、「日本資本が日本のためにインドネシアの資源を収奪している」といった批判を招いてしまった。これでは何のための援助なのか、むしろマイナス・イメージをもたらしてさえいる。以下、本プロジェクトの問題点を踏まえて、改善すべき点を下記にあげた。

——(1) プロジェクト着手前——

1. プロジェクトの計画段階での情報の公開、透明性、民主的な手続きを踏んでいることが必要である。そしてそれを監視する独立した第三者機関があること。

2. プロジェクトの実施、方法の決定プロセスへの住民の参加が保障されること。そのためには他国への内政干渉という言い訳に逃げず、そ

の国においてどのような制度で住民参加が保障されているか、民主的に運営されているかいなかを調べることが必須である。

3. 調査の範囲と深度。上記で指摘したように、本プロジェクトではF/Sにおいても環境アセスメントにおいても、調査が不十分であると言わざるをえない。また十分な根拠を持ったデータを使うこと。地域の人々が日常的に使っている単位を積極的に採用することによって、地域の人々が調査の結果をより理解できるような工夫が必要である。また評価も事業主体や調査実施者の一面的な判断ではなく、地域の人々の視点を取り入れた多面的な評価がなされる必要がある。

4. 調査結果の公開。環境アセスメントの実施者が事業主であること自体が、地域住民やNGOの不信感を招いている点について、何らかの対策を取る必要があろう。地域NGOは「独立機関かまたは環境大臣が任命した機関で行なう方がよい」と提案しているが、費用の問題やその機関の公平性の問題、形骸化の問題が考えられる。むしろ、アセスメントの審査をする中立の審査機関があること、さらに事業主体にはアセスメントを公表する義務を科し、それに対する地域住民やNGOからの意見や提案を取り入れる態勢があることを確保する必要があると思う。まして、このケースのように事業主体がその公表を拒んでいる場合には、融資を拒否するくらいの態度が必要である。

——(2) プロジェクト実施中——

プロジェクトが動き出した後も、さまざまな問題が起こりうる。例えば、北スマトラ州の地方日刊紙は、資材購入にからんで多くの報告書が偽りであることを報じている（WASPADA紙97年6月9日付）。同紙によれば、工事の遂行についてはプロジェクト・リーダーと日本のコンサルタント会社（日本工営）、請負企業が絶大な権限を持っており、現場の技術者や専門家の声が無視され、その結果、多くのインボイスが偽造されていると伝えている。

さらにJANNIの調査によって、アセスメントなどでは予想していなかった支川流域の米の減収、生活用水の不足に対する補償問題も浮上して

いる。また、上流域の森林伐採も進んでいる。

　このように事前には予想していなかった問題について、どのように対処するかということも明確にしておく必要がある。

──(3)　プロジェクト後──

　工事が完了した後も、事前に予想していなかったことが起こりうるため、事後のモニタリングを続ける必要がある。地域住民が参加したプロジェクトに対する評価を行なう。

引用文献：
- JICA（国際協力事業団）「実施可能性調査（F/S）報告書」1985年
- 北スマトラ大学「環境アセスメント調査、ファイナルレポート」1986年
- 藤林　泰「湖の水、川の水は誰のものか」、JANNIニュースレターNo.17、1995年10月20日
- JANNI、「環境モニタリングガイドブック」2001年
- Suara Pembaruan　（全国紙）
- Waspada（地方紙）

第3章
「環境保全型」投融資事業の問題点
インドネシア・ムシ・パルプ事業

安部竜一郎

インドネシア全図

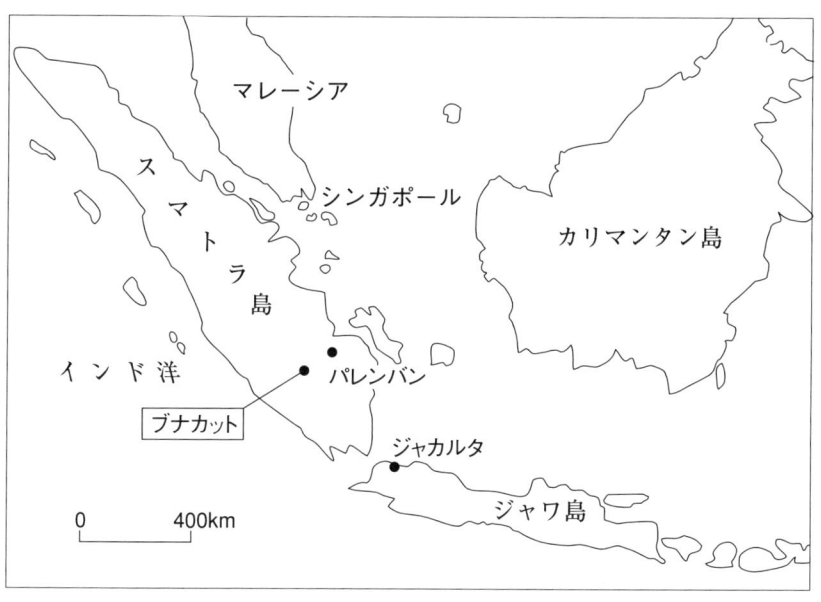

- マレーシア
- スマトラ島
- シンガポール
- カリマンタン島
- インド洋
- パレンバン
- ブナカット
- ジャカルタ
- ジャワ島

0　400km

1. 事業の概要

　ムシ・パルプ事業は、南スマトラ州ムシ川流域における熱帯アカシア（アカシア・マンギューム）の植林事業とそこで栽培されたアカシアを原料とした輸出用上質パルプの製造事業との組み合わせでなりたつ。植林事業は、植林面積19万ha超、集落や河川、道路などを加えて約44万ha（南スマトラ州の総面積の約4％）のコンセッション域を有するインドネシア最大の産業造林事業である。一方パルプ製造事業は、当初年産45万t、最終的には年産100万tというアジア最大級の生産規模を目指す。

　植林事業はMHP社、パルプ製造はTEL社と別会社となっているが、いずれもインドネシア最大の林業コングロマリット、バリト・パシフィック・グループの子会社であり、実質的な経営はバリト社が担っている。植林事業は1990年に開始され、パルプ工場は1994年から用地の取得が始まり1999年に操業を開始した。

　植林事業、パルプ工場とも日本の援助が深く関与している。植林事業は、1979年から1988年まで同地で行なわれた国際協力事業団（JICA）による試験植林が雛型となっている。また植林事業のフィージビリティ・スタディ（F/S）もJICAが行ない、植林樹種はJICAが同地の最適樹種とした熱帯アカシアをそのまま引き継いだ。パルプ工場は、国際協力銀行（JBIC）（出資決定当時OECF）の海外投融資を核に、日本側出資額が総株式の約60％を占める。

　図1は、OECFが1995年に投融資を決定した時点での出資スキームである。当初は図のように当時のスハルト大統領の長女、トゥトゥットが大株主として加わっていた。1998年のスハルト元大統領失脚後、トゥトゥットが出資を引き上げ、丸紅がこれを肩代わりした。従って、現在は丸紅が最大の株主であり、続いてバリト社の順となる。国際協力銀行（JBIC）も持ち株割合15％という3番目の大株主となっている。

図1：1995年時点でのムシ・パルプ事業スキーム[1]

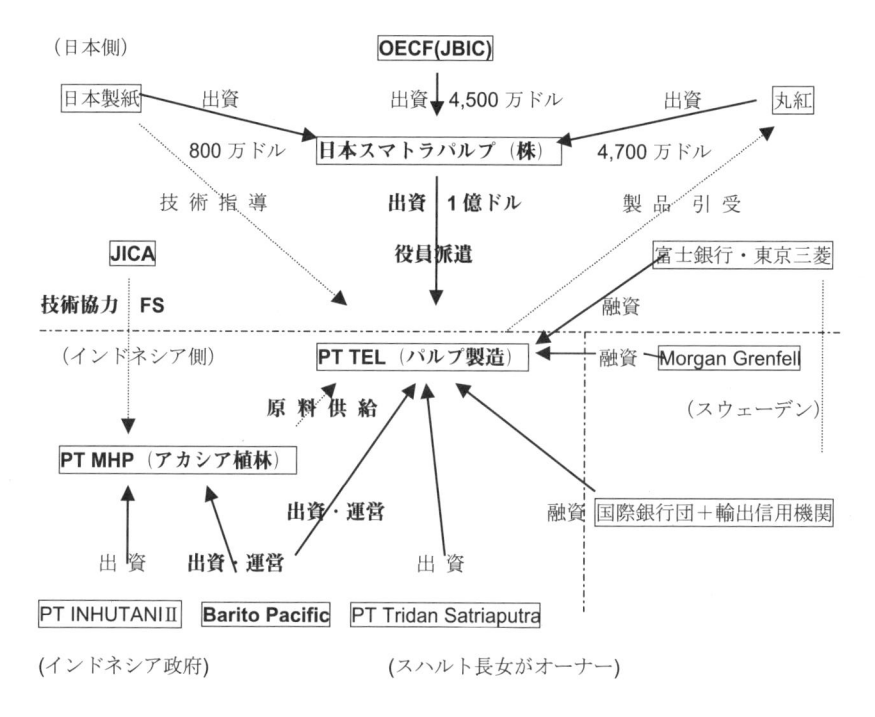

```
(日本側)              OECF(JBIC)
 ┌─────┐    出資    出資 ↓ 4,500万ドル    出資   ┌─────┐
 │日本製紙│ ─────→              ───────→ │ 丸紅 │
 └─────┘  800万ドル  日本スマトラパルプ（株） 4,700万ドル └─────┘
       技 術 指 導    出資 1億ドル    製 品 引 受
                  役員派遣
       JICA                        ┌富士銀行・東京三菱┐
   技術協力 FS                   融資
(インドネシア側)     PT TEL （パルプ製造） ←── 融資 ── Morgan Grenfell
                                      (スウェーデン)
           原 料 供 給
     PT MHP （アカシア植林）
                  出資・運営
     出 資   出資・運営    出資   融資  国際銀行団＋輸出信用機関

  PT INHUTANI II   Barito Pacific   PT Tridan Satriaputra
  (インドネシア政府)           (スハルト長女がオーナー)
```

2. 環境保全型（？）開発

　海外経済協力基金はそのニューズレター1995年7月号で、インドネシア南スマトラ州のムシ・パルプ事業を、「緑化に貢献」し、かつ「外貨獲得、雇用創出にも貢献」する海外投融資対象事業としては初の「環境保全型事業」と位置付けた（海外経済協力基金［1995］）。

　同ニューズレターによれば、ムシ・パルプ事業は、まず焼畑等によってアランアラン等しか生えない荒地となったムシ川流域に、熱帯アカシアの植林を行なうことで森林復元し、洪水や干ばつの防止をはかる。同時に、そのアカシアを原料とした紙パルプ工場を建設し輸出用パルプを生産することで、資源を有効利用し外貨の獲得をはかる。建設されるパルプ工場は脱煙脱硫装置や排水処理場を備えた最新鋭のプラントを採用

する。さらには、植林事業約1万人、パルプ工場操業で約800人という雇用を地元にもたらし、かつ最新のパルプ生産技術の移転も可能となる。この青写真とおりであれば、このプロジェクトは、まさに環境保全と経済開発の一挙両得をはかったものといえよう。

　しかし実際には、アカシアの植林事業が始まる1990年以来、このプロジェクトは住民との激しい紛争にさらされてきた。1992年から1995年にかけてMHP社（植林事業）による地元住民の村落共有林の伐採事件が起こり、1998年にはMHP社はNGOから森林火災の元凶として地裁に訴えられた。パルプ工場に対しても、1994年の用地取得以来、反対する住民との間で対立が起き、1999年10月の工場試運転開始以降は、工場排水による川の汚染、悪臭など、住民による環境汚染に対するクレイムが増加している。そして1999年12月には、怒った地元住民がパルプ工場におしかけ、アカシアの原料木やオフィスに放火するという事件が起きている。

3. ムシ・パルプ事業の問題点

――(1) 伝統的土地・森林所有制度との齟齬――

　インドネシアの場合、もともと土地や森林は住民の慣習的な共同管理に任されており、土地の私有概念はオランダ植民庁が西欧のプランテーション事業者による住民の土地接収を合法化するために持ちこんだものとされる（Kano [1996]）。独立後の1960年、共和国政府は土地基本法を制定し、住民による慣習的土地所有権を認めた。この場合、所有者は土地登記を行なわなければならないが、登記手続きが煩雑であること、またその際にしばしば少なからぬ額の賄賂が要求されることもあり、所有権登記はほとんど進んでいないのが実情である[2]。

　1994年からパルプ工場（TEL社）の用地（約110ha）取得が始まったが、この地域の住民は、もともとゴム栽培で比較的豊かな暮らしをしていたため、土地収用には激しく抵抗した。しかし住民の慣習的土地所有権は、他の地域と同様未登記のままであったため、事業者による土地収用に対抗できず、また補償金も相場よりはるかに低い金額に抑えられてしまっ

た。結局住民の耕作地は平均して3分の1から2分の1が工場に接収されてしまい、住民の収入は工場進出前の60%程度まで落ちこむ結果となった[3]。

　一方、ムシ・パルプ事業の植林地（MHP社）は、古くからマルガ（氏族）[4]と呼ばれる伝統的共同体が発達し、各マルガは慣習法に基づいて周囲の森林を共同で耕作・管理してきた。1967年成立の林業基本法によって、共和国政府は同地域を国有地と定め、マルガによる森林管理を廃した。しかし1988年まで同地域は自然保護林としてよそ者の森林利用が排除されていたこともあり、マルガによる森林利用・管理はごく最近まで残ってきた。

　ところが1990年に事業者による植林が始まると、彼らの慣習耕作地は次々と囲い込まれて行った。法的には国有地であったため、マルガの人々は全くの補償なしか雀の涙の補償金で森や土地を収用されることになった。彼らのほとんどが焼畑と森からの狩猟採集で生活を賄っていたため、森を失ったマルガの人々はMHP社や新たに進出してきた油椰子やゴムのプランテーション会社で低賃金の季節労働につくしか生活手段がなくなってしまった。

　このように途上国の土地・森林所有制度は、往々にして伝統的な慣習的共有制と植民政府以降に導入された近代的私有制との折衷となっている。このため林地では、法的には国有地であるが、一方で独立前からの先住民による共同的な森林耕作・管理が黙認されてきた。また農村部でも、耕地の所有権登記はほとんど行なわれず、住民の慣習的耕作権が認められてきた。こうした途上国の実情において、慣習的土地所有権を無視して法的な権利関係のみに基づき土地収用を行なった場合、膨大な数の土地なし農民を生み出す結果となる。特に土地や森林への依存度が高い先住民・農民にとっては、土地・森林が奪われることは生活の手段を失うことに等しく、死活問題である。

――(2)　環境破壊――

　マルガの森林は、焼畑耕作のための慣習耕作地と、木材の切りだしや狩猟採集のための村落共有林とに分けられていた。村落共有林では、ブ

ナカットの人々の墓所ということもあり、一切の耕作が禁じられ、狩猟採集に際しても厳格な利用規則が設けられて、森林の劣化を防いでいた。しかしMHP社は、1992年からブナカット氏族の村落共有林の伐採・植林を始めた。ブナカット氏族はMHP社、県長に再三伐採の中止を要請したが、聞き入れられなかった。しかし1994年に地元有力紙がインドネシア環境フォーラム（WALHI）と法律扶助協会（LBH）の調査に基づき「MHP社による違法伐採」を報じたこと、さらにMHP社の労働者宿舎が放火されるなど住民の抗議活動が深刻化してきたことで、MHP社は1995年にブナカット氏族の村落共有林の伐採・植林を中止した。しかしこの時までに村落共有林の3分の1近い1000haがアカシアの単層林に変えられたため、猿や鰐、鹿、ニシキヘビといった大型動物は姿を消してしまったという。

また植林の前に、森に残った木を切り倒し裁断した後、積み重ねて焼くという作業が行なわれるが、この飛び火が森林火災の要因となった疑いがある。1998年にはWALHI、LBH、世界自然保護基金インドネシア支部が、MHP社ら11社を森林火災の原因として地方裁判所に訴え、同年10月の判決ではMHP社に有罪の判決が下った[5]。地方紙Sumatera Ekspresによれば、1997年に南スマトラで起きた空前の森林火災の際にMHPのコンセッション域内で13のホットスポットが衛星観測されたという。

森林火災に関しては、植林事業に従事する移住者の影響も疑われている。マルガの人々の焼畑は、慣習法によって風向きと火入れの位置を定め一斉に行なわれるため、飛び火の危険性は少ない。ところが火入れのルールをもたない移住者たちは、まちまちに野焼きを行なうため飛び火する可能性が大きいとされる（Bompard and Guizol [1999]）。

1999年にパルプ工場（TEL社）が運転を開始すると、周辺住民は①工場の排煙による息苦しさ、吐き気、眩暈、咳、②皮膚の痒み、湿疹（写真）、③川の汚染により漁獲高が3分の1に減少、④農作物の収穫減などを口々に訴えるようになる。さらに保健所が「川の水を直接飲まないこと」と口頭で住民に注意を与えたため、汚染の噂が広まりTEL社周辺で獲った魚が売れなくなるという事態となった。これに対しTEL社は、工場から

ユーカリ植林のためにマルガの森を焼きはらう。MHP社の造林予定地。

の排煙・排水は環境基準以下で問題ないとして住民の申し立てを退ける一方、漁業者たちの団体に6000ドルを寄付し懐柔を試みている。

──(3) 雇用への不満──

　ムシ・パルプ事業は、雇用面でも住民の期待を裏切った。

　植林事業は共和国の移住政策と組み合わされており、ジャワや他地域からの移住者に優先的に仕事が割り当てられる。このため地元のマルガの人々がありつけるのは、せいぜい低賃金の季節労働でしかなく、しかも植林と収穫の時期を除くとほとんど仕事がない有様である。

　またTEL社の雇用も、住民との交渉によって1村当たり27名がTEL社に雇われることとなっているが、ほとんどが季節雇用であるため身分が不安定である[6]。さらに土地を持たない村民が優先雇用されるため、土地を収用され収入減となった農民達にとって恩恵はない。彼らは、他人の土地の小作や近くのプランテーションで働いて収入を補っているとのことであった。

──(4)　スハルトファミリー・政商・地方政府・軍との癒着構造──

　スハルト元大統領は、自らの権益を守るため、華人系財閥を政商として重用したことで知られる。ムシ・パルプ事業の植林（MHP社）、パルプ製造（TEL社）両社を束ねるバリト社の総帥、プラヨゴ・パンゲストゥも代表的な政商の一人である。バリト社は、スハルトの庇護のもと、最盛期はインドネシア全体で550万haもの森林事業コンセッションを有し、合板の年間輸出額にして6億ドルという世界最大級の合板業者へと成長した。バリト社のやり口は荒っぽく、乱伐や、伐採後の植林をしない切り逃げ、さらにはコンセッション域外の熱帯林の不法伐採などもしばしばであった[7]。

　ムシ・パルプ事業の植林事業地は、もともと一切の伐採・耕作が禁じられた自然保護林であった。ところがJICAの試験植林終了直後の1988年に、一帯は伐採・植林が可能な生産林に指定替えとなった。その1年後に

住民に襲われ無残に焼けただれたパルプ用原木。TEL社敷地内に放置されたままである。

はMHP社の前身、EML社に産業造林の事業認可が下りている。このスムーズな行政手続きの背後に、スハルト一族の後押しがあったことは容易に推測できる[8]。またマルガの森の接収に際しても、国軍が直接伐採・整地の作業を行なったと住民は言う。スハルト体制化においては、国軍は恐怖の象徴でもあったから、国軍がムシ・パルプ事業の後ろ盾であることを示すことでマルガの人々の抵抗を封じ込める効果があった[9]。

さらにパルプ製造事業には(TEL社)、スハルトの長女、トゥトゥットが大口出資者として参加した。トゥトゥットは、当時、スハルトの後継者と目されており、この後ろ盾によって、日本を始め国際銀行団や各国の輸出信用機関からの借り入れを可能にした。また、本来、事業用地の収用に関しては、事業者は直接住民と補償交渉をしなくてはならない筈であるのに、TEL社は村長など村役人に補償交渉をまかせた。「土地を売らない者は、政府の方針に反する共産党員とみなす」という脅しに、住民は、通常よりも安い値段で買い叩かれるケースが多かったという。地方政府は、土地証書発行手数料、公共事業費、土地建物税の先払いなどの名目で、補償金のうち25％をピンはねした。

4．OECFの環境配慮に関わる問題

——(1) 十分な社会環境調査に基づかない融資決定——

1996年5月、衆議院決算委員会第一分科会でTEL社への投融資問題が取り上げられた。小泉晨一議員（当時）の質問に対し、白鳥OECF理事（当時）は、ムシ・パルプ事業が「環境配慮のためのOECFガイドライン第二版」のA種プロジェクトに相当することを認めている。

開発援助プロジェクトのうち「大量の有害化学物質の製造もしくは利用を伴う開発」や「大量の有害廃棄物の発生あるいは処理を伴うもの」はA種として分類され、援助決定に際し環境アセスメントの提出及びその結果がOECFの環境ガイドラインの基準を満たしていることが条件となる（海外経済協力基金［1995：2-5］）。パルプ工場は、塩素化合物を始めさまざまな化学物質を用いるため、本来A種に分類されるべきものであ

る。さらにTEL社の場合は、住民の飲み水としても利用されているルマタン川に廃水を流す設計となっているため、「水源」に影響を及ぼし「多くの住民に影響が及ぶ」というA種プロジェクトとしての要件に当てはまる。

ところがTEL社の環境アセスメント（PT. Beakindo Pacific [1997]）は1997年1月に最終報告がまとめられているのに対し、OECFが出資を決定したのはその2年近く前の1995年2月であった。つまりTEL社への海外投融資決定に際し、環境アセスメントの審査はそもそも不可能だったことになる。つまり白鳥国会答弁にもかかわらず、TEL社への投融資決定の際は、環境アセスメントそのものではなく、当時TEL社より提出された環境アセスメントの素案のみを審査したのである。

また環境アセスメントを行なったBeakindo Pacific社は、TEL社の親会社であるバリト社本社内にあり、またアセスメント自体もTEL社の出資

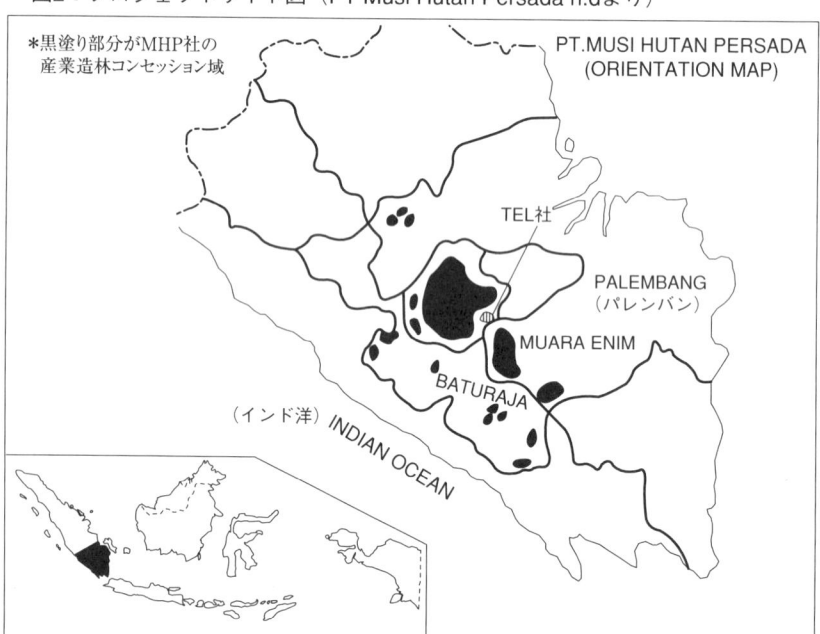

図2：プロジェクトサイト図（PT Musi Hutan Persada n.dより）

によって行なわれた。この意味でTEL社アセスメントは事実上の内部アセスメントであり、独立性が保たれていない。加えて環境アセスメントは、TEL社による土地接収（1994年）、OECFなど海外援助機関による出資・融資の決定（1995年）、建設開始（1996年）と既成事実が積み重ねられる中で進められ、環境アセスメントがインドネシア政府に提出された1997年1月には、既に事業中止は不可能な段階であった。このように環境アセスメントは現状を追認するための手続きと化してしまった[10]。

―――(2)　カウンター事業の環境・社会影響の無視―――

1995年にOECFがTEL社へ出資を決定する際、ムシ・パルプ事業のもう一本の柱であるMHP社のアカシア植林事業の環境及び社会的影響は考慮されなかった。当時、MHP社の植林事業は、マルガの村落共有林を伐採し森林火災の原因と目されるなど、多くの問題を抱えていたことは前述の通りである。しかもその植林事業は40万haを超える広大な土地と森を住民から囲い込んで行なわれたのである。MHP社による産業造林事業とTEL社のパルプ工場とは一体不可分だったにもかかわらず、OECFは出資するTEL社の環境・社会影響しか考慮していない。仮にTEL社のパルプ工場が環境アセスメントの通りクリーンだとしても、そのカウンターパートの植林事業がダーティなものであっては、「環境保全型」事業とみなすことはできない筈である。

―――(3)　民主的プロセスの不在―――

第3章で述べたように、権威主義体制が長く続いた途上国においては、先進国の援助による大型開発プロジェクトはさまざまな利権の草刈り場となってしまうケースが多い。そこでは陳情や議会での議論、行政手続きや監査、裁判といった正式なチャンネルにおける意思決定システムは後背に退き、賄賂など金銭の授受による手心、談合、縁故主義といった非公式な折衝が実効的な決定機能を持つことになる。

　開発が真正に民主主義的な政体を促すものであるためには、日本の援助構造からこのようなパトロン＝クライアンティズムを徹底的に排除し

なくてはならない。ことに行政機関によるチェック機能が事実上稼動しないインドネシアのような国においては、援助の立案、調査から認可、事業実施に至るあらゆるプロセスにおいて情報公開を徹底し、日本及び途上国の市民社会に事業プロセスをあえて曝すことによってそのチェック機能を最大限利用する必要があった。しかしOECFはバリト社に追従してアセスメント結果はもちろん審査情報の公開を拒否したため、住民はアセスメントのプロセスはおろか、結果さえも知らされていなかった。このため環境アセスメントに対するNGOや専門家など第三者によるチェック機能も働かなかったのである。

——(4)　地域の特殊性の無視——

　TEL社工場の場合、廃水が流れ込むルマタン川は周辺住民の漁場でもあり、また農業用水や飲料水の供給源でもある。さらに乾季には人が歩いて渡れるほど水量が減少するため、ひとたび水が汚染されるとその影響は計り知れない。従って当該プロジェクトの評価及び問題が生じた際の対策等の立案にあたっては、立地条件、気象、周辺環境、地域の社会経済的条件、文化など地域の特殊性をいっそう重要視することが求められる。こうした地域の特殊性を評価するにあたっては、専門家等の意見のみに頼ることなく、本来ボトムアップ方式で情報を収集する必要があった。

　1995年6月、OECFに対し、ジャカルタや南スマトラ州都パレンバンの学生グループ、NGO（非政府組織）、住民ら51名が、環境汚染への危惧、MHP社やパルプ工場による土地や森林の不当な収容などを理由にパルプ工場への出資を見送るよう要請文を送った。さらに同年10月には、反対派住民が来日し、大島環境庁長官（当時）、及び日本製紙・丸紅の担当者とそれぞれ面談した。しかしOECFは、あくまで現地カウンターパートであるバリト社を通して得られた情報のみにこだわり、ムシ・パルプ事業への出資を取りやめることはなかった。

——(5)　事業開始後のモニタリングの欠如——

　ムシ・パルプ事業のように環境保全を柱の一つとして企図されたプロ

ジェクトにおいては、事業の開始後はその環境及び社会影響を随時モニターしながら、事業が当初予期した効果を上げているかどうかを評価しなくてはならない。また問題が明らかになった場合、OECFは出資者として問題の解決を事業者に働きかける責務がある。

　1995年10月の住民来日を機に、日本でも熱帯雨林行動ネットワークなどよって住民の支援組織、南スマトラパルプ市民問題連絡会が結成された。同連絡会は、OECFに対し、住民の窮状を直接聞き取ってプロジェクトの環境・社会影響の再調査を行なうように再三要請した。しかしOECFはあくまでカウンターパートであるバリト社からの「プロジェクトに問題は存在せず、反対もごく一部である」という情報にこだわり、再調査を拒否し続けた。その後もOECFは問題の実態を把握することを怠り、出資決定から今日に至るまで、問題の根本的改善は図られていない。

　こうした状況の中、住民のフラストレーションが昂じて、1999年12月のTEL社焼き討ち事件へと発展したのである。

5. まとめ

　これまで述べてきたように、環境保全型開発として導入されたムシ・パルプ事業は、MHP社による森林伐採、森林火災、TEL社による周辺環境の汚染と、皮肉にもさまざまな環境問題の要因と見なされている。また雇用面でも当初の期待を裏切り、住民の不満は大きい。またMHP社によるマルガの森の囲い込み、TEL社による農地の収用によって、土地なし農民や小作農、農業労働者を大量に産み出した。さらにムシ・パルプ事業は、スハルトファミリー＝政商の利権構造と深く関わっており、軍や地方政府の強権下で推し進められた。

　OECFは、ムシ・パルプ事業に絡むインドネシア側のこうした負の構造を断ち切ることを怠ったばかりか、むしろバリト社と一体となることによって問題の悪化に手を貸してきたといってよい。

　こうした結果、MHP社、TEL社とも住民との間に深刻な紛争を抱えて

おり、度々住民によるデモやバリケード封鎖などの抗議行動の対象となっている。ことにスハルト退陣後は、時に住民の行動はエスカレートする傾向があり、事務所や関連施設への放火や襲撃、管理職や政府要人の監禁などの暴力的手段すら見うけられる。

　こうした不幸な事件の再発を防ぐためにも、投融資プロジェクトの審査の際には、すべてのプロセスにおいて影響を受ける住民の直接的な参加を保証する必要がある。途上国においては、国家、地方政府、援助機関、企業という事業実施主体の強固なアライアンスに対し、住民の影響力は圧倒的に弱いのが実情である。こうした意思決定プロセスにおける影響力の非対称性を補うため、住民の利害をプロジェクトに適切に反映させるような制度的保証が必要となってくる。ムシ・パルプ事業のように開発プロジェクトが当初の期待に反し地域にネガティブな影響をもたらした場合、JBICは事業者からの報告に基づくだけでなく、出資者自らの責任によって環境モニタリングや住民からの聞き取り調査等を行なう必要がある。

　また環境・社会面で重大な問題が発生しているにもかかわらず改善がみられないときには、出資の引き上げも含めJBICとして責任ある対応を考えるべきである。

注：
[1] 海外経済協力基金[1995.7]、Syamsul[2000]、Down to Earth[1999]などを基に筆者が作成。
[2] 所有権登記済みの土地は、インドネシア全体の7％程度（水野［1997：147注2］）とされ、南スマトラ州では3.3％にすぎない（Bompard and Guizol[1999:59]）。
[3] 1996年インドネシア環境法センター調査による。
[4] マルガとは「祖先を共有すると信じる人々を中心に緩やかに形成された村落連合」（石井米雄［1991：52-53「アブン族」の項］）を意味する
[5] 但し、翌1999年の高裁判決でMHP社は逆転無罪となった。
[6] 2000年にはTEL社の子会社で、警備員達が季節雇用から常雇いへの変更

を求め、日本人技師などを人質にたてこもるという事件が起きた。
7 バリト社は1991年に違法伐採で1000億ルピアを超える罰金を科せられた（Dauvergne［1997］）。
8 スハルト辞任後の2000年にトゥトゥットとプラヨゴは、MHP社のコンセッション面積の不当操作による政府資金の不当取得容疑で訴えられ（Jakarta Post［2000］）、現在も係争中である。
9 1965年9月30日の国軍内親共産党グループ（とされた）によるクーデター未遂事件を契機として、当時のスハルト治安秩序回復司令部司令官はその後半年の間に約60万人の共産党員を殺害し、30～40万人を裁判無しで収容所に拘留した。「この徹底的な共産党弾圧は、共産党とその参加団体のメンバーばかりか、一般国民のあいだにも、国軍＝治安秩序回復司令部に対する抜き難い恐怖を植え付けることになった」（白石［1992：57-58］）。
10 こうした審査プロセスの問題に加え、イギリスのNGO、Down to Earthは、TEL社環境アセスメントの技術的欠陥を次のように指摘している。①環境アセスメントでは15kg/パルプトンの硫黄化合物が気体廃棄物として放出されるとされ、これは1日当たり18トン、1年当たり6750トンの硫化ガスが気体として排出される計算になる。同様に一年で3000トンの窒素酸化物が排出されることになっており、こうしたガスによる汚染によって住民に呼吸器疾患を起こす危険性がある。②排気塔の高さが50から100mとされているため、排出された窒素酸化物や硫化ガスが周辺3km以内の地域に大気汚染をもたらす危険性がある。また10km以内では酸性雨の影響がでるおそれがある。③1日7万㎥もの排水がルマタン川に放出されることによって、川の水の浮遊懸濁物質濃度を増加させ、また排水中のクロロフォルム、フェノール、硫化物、有機塩素化合物など有害物質が水中生物にダメージを与える。とくにpHの変化によるダメージは大きい。④乾季には90％、雨季には60％の住民がルマタン川の水を飲料水として利用しており、排水中の化学物質による健康被害が懸念される。⑤毎日50トンもの固形廃棄物がボイラーや一連の化学処理行程から排出されるが、これらにはカドミウムやクロム、銅、マンガン、ニッケル、亜鉛などが比較的高濃度で含まれている。固形廃棄物の埋め立てサイトからの漏出液によって地下水が汚染された場合、地下水床が比較的高いため、汚染された地下水はルマタン川やその支流に流れ込む恐れがある。⑥雨季のルマタン川の増水によって、廃液が放出できずに廃液処理池が

オーバーフローする恐れがある（Down to Earth campaigns office [1999]）。

引用・参考文献：
・Bompard, Jean Marie and Philippe Guizol（1999）*Land Management in the Province of South Sumatra, Indonesia. Fanning the Flames: The Institutional Causes of Vegetation Fires*, Ministry of Forestry and Estate Crops, European Union.
・Dauvergne, Peter（1997）*Shadows in the Forest: Japan and the Politics of Timber in Southeast Asia*, Cambridge, Massachustts, and London: The MIT Press.
・*Down to Earth campaigns office（1999）　Paper Pulp Development in South Sumatra, Indonesia: Tanjung Enim Lestari（PT TEL）And Musi Hutan Persada（PT MHP）*, A Down to Earth Campaign Update,Jan 1999, Down to Earth.
・石井米雄（監）土屋健治・加藤剛・深見純生（編）『インドネシアの事典』同朋社出版、1991年
・Jakarta Post（2000.2.17）*Big names probed for alleged abuse of forestry funds.*
・海外経済協力基金「海外投融資、環境保全型事業に初出資—インドネシア：ムシ・パルプ事業」『OECFニューズレター』（28）：4-5. 1995年
・海外経済協力基金『環境配慮のためのOECFガイドライン』第二版1995年
・Kano Hiroyoshi（1996）*Land and Tax, Property Rights and Agrarian Conflict: A View from Comparative History*, Paper prepared for the Tenth INFID Conference on Land and Development 26-28, April 1996.
・水野広祐「インドネシアにおける土地転換問題:植民地期の近代法土地権の転換問題を中心に」水野広祐・重冨真一（編）『東南アジアの経済開発と土地制度』アジア経済研究所:115-154.1997年
・PT. Beakindo Pacific（1997）*Analisis Dampak Lingkungan Industri Pulp PT Tanjungenim Lestari Pulp and Paper di Kabupaten Muara Enim Propinsi Dati I Sumatera Selatan*, PT Tanjungenim Lestari Pulp and Paper.
・白石隆『インドネシア―国家と政治』リブロポート、1992年
・Sumatera Ekspres（1997.9.26）*Kebakaran di MHP karena api dari Luar: NOAA ungkap 13 perusahaan bakar hutan*, 1, 5.

- Syamsul Asinar (2000) "ECA+TEL=@?>#$*?^&%#," in Budiman Kertopai ed. *Lembing Ka Yu: Menbut Usia Bumi Lebih Berharga*, 6-7.

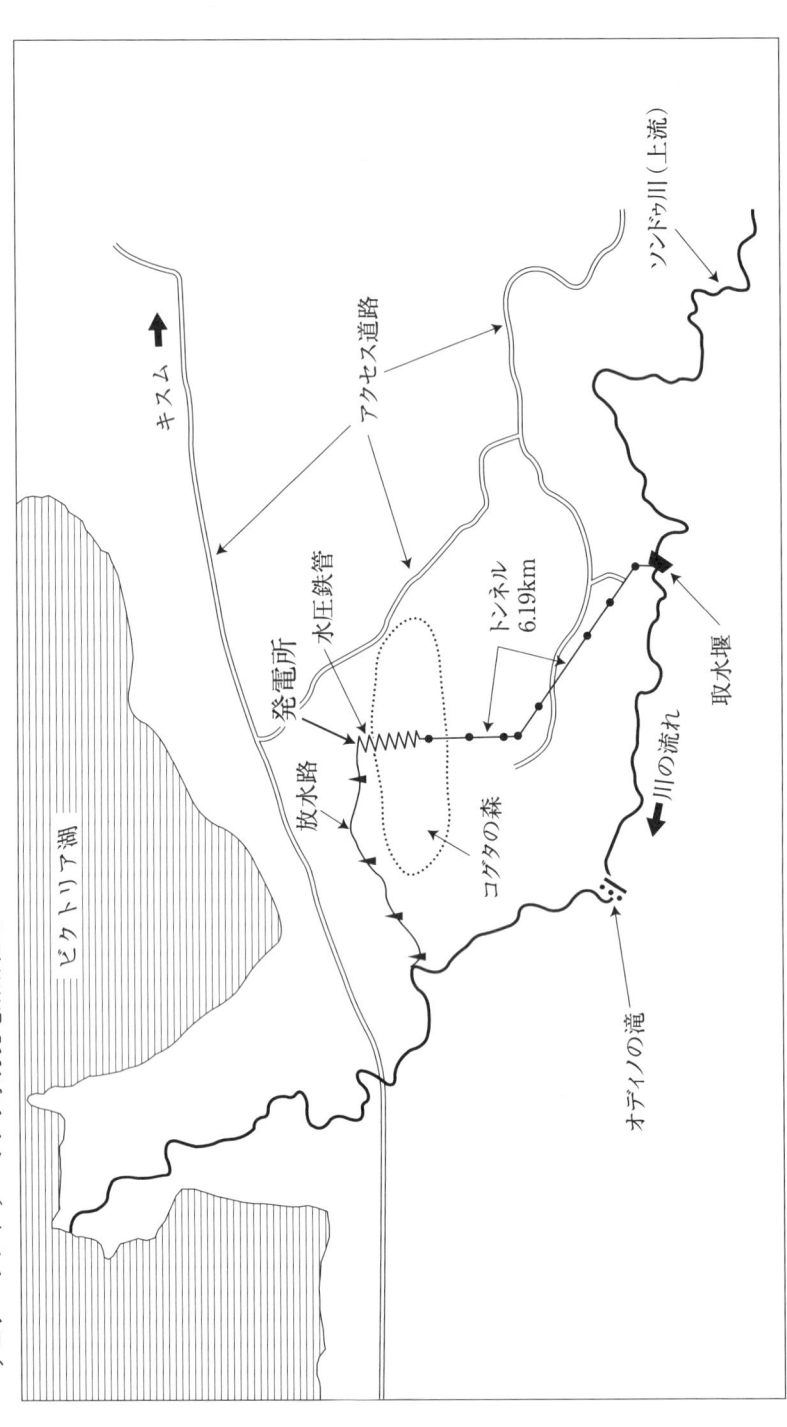

ケニア・ソンドゥ・ミリウ水力発電所所在地

第4章
暴力の影がつきまとう重債務最貧国のダム事業
ケニア・ソンドゥ・ミリウ水力発電事業
尾関葉子・松本郁子

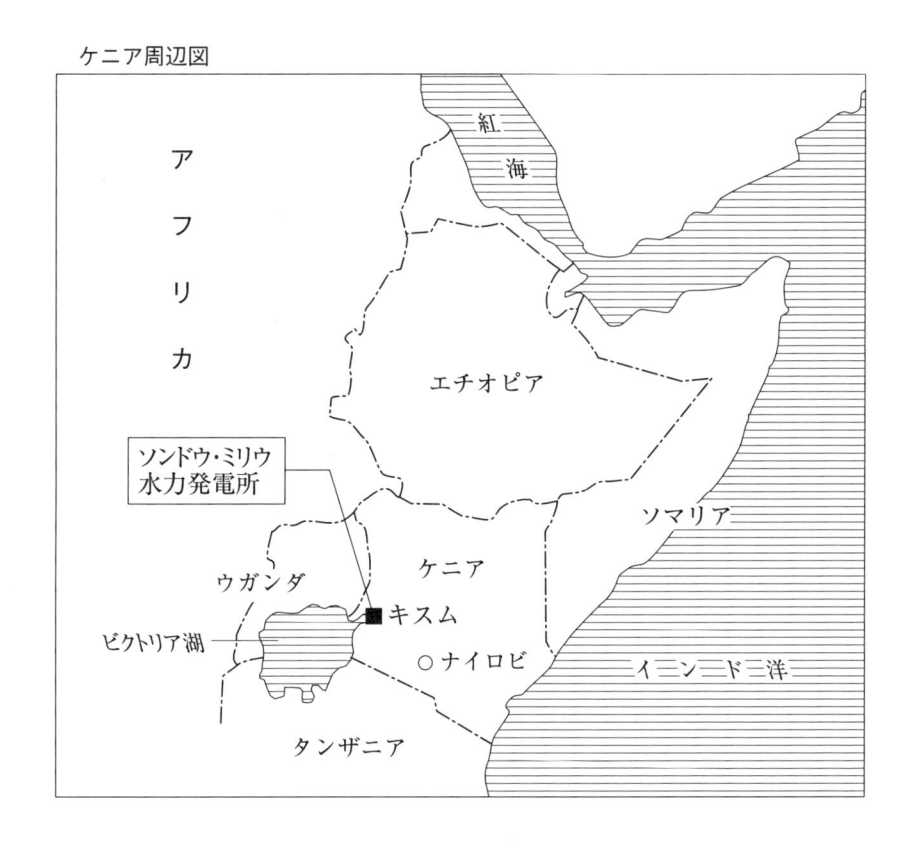

ケニア周辺図

1. プロジェクトの概要・背景

——(1) プロジェクトの概要——

ソンドゥ・ミリウ水力発電所事業計画（ケニア共和国ニャンザ州キスム県ソンドゥ村）は、ケニア西部のニャンザ州とウェスタン州、タンザニアに接するビクトリア湖に注ぐソンドゥ川（地域によってミリウ川と名を変える）に15mの堰を建設し、水力発電（60MW、30MW×2基、流れ込み式発電所）を行なうという計画である。取水堰で集められた水は、6.2kmのトンネルで転流したあと200mの落差を利用して発電し、その後放水路にそって川に戻される。しかし、その間約10kmにわたってソンドゥ川の流量が大幅に減少することになる。しかも、ソンドゥ川は流域の人々のあらゆる水需要の主要な供給源なのである。

ソンドゥ川はケニアで5番目に大きな河川で、その流量の多さから西部の水力発電及び灌漑事業の拠点として1970年代から注目されていた。本来、この事業はさらに上流のマグワグワ水力発電、転流した水を利用してのカノー平野灌漑と共に進められる多目的開発を目指すものであった。その中で最優先に進められるべき事業としてあげられたのが、このソンドゥ・ミリウ水力発電事業である。

この事業はこれまで経済開発が進んでこなかったケニア西部での一大事業である。総工費約200億円といわれるこのプロジェクトのスポンサーは、日本政府。現在、重債務貧困国であるケニアで進められている唯一の円借款事業である[1]。事業主体はケニア電力公社（KenGen）で、コンサルタントは日本工営。第1期工事の施工主は鴻池組、ベデッカ、マーレー＆ロバーツの共同企業体、KVMである。工事は1999年3月から始まっており、第1期工事と第2期工事に分かれている。

——(2) プロジェクトの背景及び地域の概要——

ケニアの慢性的な電力不足を解消するために計画されたこの発電事業は、ケニアの貧困削減戦略の一部として位置づけられている。安定した

電力供給は産業を活性化させ、経済発展をもたらすというわけだ。発電は日中行なわれ、西部の一大都市、キスム方面に直接送電されるため、地元の村に電力の供給はない。ケニアでは電力を利用できるのは総人口の6%にすぎないのである。地域住民に電気料金を支払う経済力はなく、ましてや高価な電気製品を購入する余裕はない。

　ケニアでは現在、発電の70%を水力でまかなっている。これまでに6カ所で水力発電所が建設されているが[2]、そのうち5カ所は東部地域のタナ川に建設されている。西部ではウガンダからの輸入電力に大きく依存しているが[3]、本事業によって西部地域に発電設備を整え、政治的にも安定した電力供給を確保しようとするものである。また、地下資源に乏しいケニアで国産のエネルギー源である水資源を活用した水力発電を行なうことで輸入燃料への依存を減らし、貿易収支の改善を促そうというねらいもある。

地域の人々の暮らし

　事業地域の人口は約5万5000人（1993年）。事業地域に住む人々の大多数はルオ族で、彼らは元来遊牧民族で牛やヤギなどの家畜を大切に育てている。かつては川や湖の近くに住み漁業を盛んに営んでいた。現在も特にビクトリア湖畔で多くの人々が漁業に従事しているが、ほとんどの人は流域でさとうきび、トウモロコシ、キャッサバ、芋、コーヒー、パパイヤなどを栽培し、自給自足に近い生活を営んでいる。集落で開かれる小さな市場では、地域の農作物や干し魚等が売買されている。地域に水道や電気は整備されておらず、日が暮れるとあたりは商店のわずかなろうそくの明かりを除いては深い闇に包まれる。ソンドゥ川は流域の人々にとって家事や農耕、家畜の養育などあらゆる用途の水の供給源である。人々は一日に数回、川まで水を汲みに行く。流域の湧き水を利用している人々もいる。

——(3)　プロジェクトの経過——

　日本政府は本事業に4つの段階で関わっている。1985年12月の国際協力事業団（JICA）による『ソンドゥ川水力発電開発計画調査』（F/S）、1989

年6月に事業実施に先立つ調査、設計等[4]に当時の海外経済協力基金（OECF）から6億6800万円の円借款供与、1997年1月には第1期工事分として69億3300万円の円借款を供与している[5]。さらに現在、第2期分として残りの土木工事[6]及び発電機等の調達に対し追加の106億円の円借款供与を検討中である。

事業の社会・環境影響については、85年の開発計画調査において一部社会・環境影響について調査が行なわれており、その後91年7月に環境アセスメント報告書（EIA）が作成されている。93年9月には社会影響調査を中心とした新たな環境アセスメント報告書が再度作成されており、94年8月には移住計画書が作成されている。その後2000年10月にはモニタリング計画書が、2001年2月には追加的な社会経済調査が行なわれている。当時の海外経済協力基金は、第1期工事への融資契約を締結する前年の1996年に現地に調査ミッションを送り「環境配慮のためのOECFガイドライン（初版）[7]」に照らして審査し、「借入人側が行なう環境上の所要の措置等を確認した」という[8]。ただ、第2期工事への円借款の「事前通報[9]」が行なわれた1999年9月の前に、再度事業の環境配慮を確認しているかどうかは明確でない。

重債務貧困国への追加借款

建設工事は1999年3月に開始され、第1期工事が2001年、第2期工事が2003年に完成予定であったが、ケニア政府から日本政府への債務返済が滞り延滞債権が溜まっていたため、「事前通報」のあと第2期工事への新規の円借款供与は一時止まっていた。

ところが、2000年11月にパリクラブでケニアの債務の繰り延べが決まり[10]、その後日本政府内で再度借款供与に向けて動き出した。このころ、事業に伴う社会環境問題を指摘する現地NGOの声が日本のNGOを通じて日本で大きくとりあげられ[11]、第2期工事への円借款の「交換公文（E/N）[12]」、融資締結は今日まで延期されている。ただ、2001年10月10日には、杉浦外務副大臣が条件付で交換公文の交渉を進めることをオディンガ駐日ケニア大使に伝えている。

ケニアは世界で最も貧しく、最も対外債務の負担が大きい「重債務貧

困国」であり、世界銀行やIMFをはじめとした多国間金融機関や各国政府によって貧困削減戦略に沿った債務削減、債務の繰り延べなどの債務救済が行なわれている国である。しかし、ケニアは債務帳消しを受けない代わりに新規の円借款供与を受けることを選択しており、本件は現在進められているケニアで唯一の円借款案件である。外貨による追加の借款を行なっても、その逼迫した経済状況から投資による経済効果を楽観的に見積もることはできない。

　また、水力発電所建設への支援はすぐさま外貨獲得を促すものではなく、ケニアの経済収支の回復には相当の時間がかかる。追加の融資はケニア政府に更なる債務返済を課すこととなり、結局ケニアの財政事情を厳しくする。そのしわ寄せが貧困層が被ることになるのは容易に想像できる。

　日本政府は、発電事業はケニアの貧困削減戦略の一環だとしているが、重債務貧困国で求められている「貧困削減」のための支援とは何なのか、政府開発援助の質が問われている。

不透明な受注企業の入札

　大変興味深いのは、85年の事業の開発計画調査（F/S）から91年の環境アセスメント報告書や詳細設計、97年の工事のコンサルタントまで一貫して日本工営が受注していることだ。開発計画調査を行なった企業が事業についてその時点で最も詳しいことは確かであるが、一つのコンサルタント会社が一貫して事業を受注していることは、円借款事業が相手国政府の要請主義に基づいているとはいっても、企業による案件形成が行なわれる余地が生まれることも否定できない。

　第2期分の円借款は、水力発電事業は温室効果ガスの排出量が少ないという理由で環境特別借款として位置づけられており[13]、よって受注企業はすべて日本企業となっている。円借款事業への企業の入札は通常融資契約が結ばれた後に行なわれるが、本件への入札はすでに行なわれている[14]。国際協力銀行（JBIC）は融資契約締結後に再度入札の正当性について見直しを行なうとしているが、ここでも日本企業による円借款事業における不透明な入札制度が浮き彫りとなっている。

2. 事業が抱える主な問題点
──(1) 流量変化による地域への影響──

　事業における一番の地域社会への影響は川の流量変化である。流域の人々にとって、ソンドゥ川の水はあらゆる水需要の主な水源だからである。

　水力発電が稼動すると、発電用にソンドゥ川から取水し発電後使用済みの水を再び川に戻すまでの取水堰下流10kmにわたるソンドゥ川の流量は、平均流量40トン毎秒から0.5トン毎秒へと、約100分の1に減ることになる。

　発電に必要な水量は40トン毎秒。水力発電事業が稼動すると、乾季（1-3月）と少雨季（10-12月）の半年間は川がほとんど干上がってしまうことになる。特に乾季の平均流量は13～18トン毎秒。発電に川の水が取られてしまうと川にはほとんど水が残らない。これらの流量変化によるソンドゥ川の河川生態系と、その流域に住む人々への生活への影響は計り知れない。

流量変化による人々の生活用水への影響

　F/S（実施可能性調査）やEIA（環境アセスメント報告書）では、繰り返し流域の水供給においてソンドゥ川が重要な役割を果たしていることに触れ、取水堰の下流で十分な水量を確保することが重要だとしている。しかし、問題は流量確保のための対策が不備である点だ。事業者は乾季にも0.5トン毎秒の水は確実に下流に流すとしているが、はたして0.5トン毎秒は十分な水量であるといえるのだろうか。91年のEIAでは上流に2つの給水事業計画があるため、流域の人口から計算すると0.5トン毎秒の水供給は十分すぎるほどであるとしている。しかし、この給水事業はEIAの作成から10年以上たった今も進んでいない。また、流域の人々がどのように川を利用し、川と共に生活を行なってきたのかについての調査は見られない。流域への水供給対策と必要放水量の見直しが緊急の課題となっている。

オディノの滝の枯渇

　取水堰の下流には、地元住民が祖先の霊の宿る神聖な場所として崇拝しているオディノの滝がある。ここは若者が訪れることを禁じられている場所で、人が高齢になったとき、あるいは死に至ろうとした時初めて訪問が許される。彼らは滝を訪れる旅を祖先と会うためのスピリチュアルな行為と捉え、生の終わりが来て祖先とともにオディノに住まうための準備の儀式と考えているのだ。水力発電事業が稼動を開始すると、流量の減少によりこの滝が枯渇することは容易に想像できる。しかし、この滝を保護するための措置は全く検討されていない。

　オディノの滝の存在については85年のF/Sでも触れられており、「貯水池から下流域への必要放流量は、観光用にオディノ滝の保全を含めた河川維持流量として決定されよう」として、オディノの滝の保全や観光資源としての活用についても示唆している。しかし、91年、93年のいずれの環境アセスメント報告書にも滝の保全対策についての記述はなく、事業者や日本政府は現在も滝の文化的価値について認めていない。EIAでは文化的価値の有無について、ケニアの国内法[15]にそって調査を行なった結果、この地域に文化的遺跡などはないとしている。

流量変化による河川生態系への影響

　EIAでは遡上する魚への影響について、基礎データがなく近年その数が劇的に減少していることや、堰の下流にオディノの滝があることなどから堰ができることによる重大な影響はないとしているが、これを確証するデータはない。ソンドゥ川での漁業への影響については、オディノの滝より上流の漁業についての統計データがなく、評価は不可能であるとしている。このように、流域生態系への影響については基礎データなどがないことを理由に詳細な調査などは行なわれておらず、工事完成後の環境影響に関する不安定要素は非常に大きい。

——(2)　流域での森林破壊——

水源地、マウ森林の開発による影響

　ソンドゥ川の水源地であるマウ森林では、95年ごろから政府の移住政

策のもと、大規模な入植が進み森林破壊が急速に進んでいる。また、2001年2月からは新たな入植計画が進められている。マウ森林の伐採が進めばソンドゥ川の水源が破壊され、特に乾季において発電に必要な水量が充分に確保されない、あるいは土壌流出が進み予想をはるかに上回るスピードで堰上流の堆積が進む可能性が非常に大きい。しかし、これまでに森林破壊に伴う事業への影響について詳細な調査は行なわれていない。

　85年のF/Sでは「1950年代から現在に至るまで、堆砂の原因となるような土地の荒廃が増加しているとの徴候はほとんどなかった」としており、実際85年の時点では「流域の東側の地域は南西マウ、西マウ、トランスマラなどの保護林が流域を覆い、下流域はよく管理された茶農園が開かれている。この地域はよく保全されているといえる」状態だったようだ。しかし、F/Sはこのように結んでいる。「しかしながら、特に洪水期の堆砂量測定をより頻繁に実施することが今後緊急の課題である」。95年以降のマウ森林の伐採にもかかわらず、コンサルタントやケニア電力公社は堆砂量の測定はおろか、水源地での森林破壊の事実を気にも留めていなかった。彼らはNGOの指摘によって上流の水源地の破壊について初めてその事実を認識したが、水力発電事業への影響はほとんどないとして計画どおり事業を進めようとしている。

コグタの森への影響

　トンネルからの土砂投棄、水圧鉄管の設置工事、工事現場へのアクセス道路の整備などによって、コグタ森林保護区で森林破壊が進むことが懸念されている。計画では工事終了後、土砂を撤去し植林を行なうことになっているが、植林計画は植林後のメンテナンスまで含めて持続可能な森林管理が行なわれるよう、地域住民との十分な話し合いのもとに進められなければならない。アクセス道路の整備によって人々が今以上に森林保護区での伐採や薪拾いを行なうことも懸念されている。

── (3)　立ち退きと土地の喪失への補償 ──

　1993年のEIAによると、本事業によって191世帯、1700人が"直接"影

響を受けるとしているが、地元NGOは実際にはソンドゥ川流域全体の20万人以上が事業によって影響を受けることになると話している。1994年8月の移住計画書によると、事業によって影響を受ける世帯のうち28%の世帯が土地対土地の補償を希望している。これまでJBICは、地域住民は全世帯とも土地に対して現金による補償を希望していると説明してきた。しかし、すべての世帯が現金での補償を希望したわけではなかったのだ。93年のEIAによると、地元住民は移転に合意するがその条件として、①金銭的な補償が適当で代替地を購入することが可能であること、②立ち退き先が近隣であること、の2点を提示している。ところが、これまでに移住世帯に対してそのような対応はなされていない。

　住民は近隣で代替地を確保し、現在の移住地から大きく離れない場所で生活を続けることを希望してきた。実際には、事業者側が提示した土地は現在の住居から遠くはなれ、農耕や家畜の飼育に適切であるかどうかもわからない土地であった。また、家畜などを飼うために近隣住民や親族と共有する土地を確保できるかどうかもわからず、新しい土地でこれまでのような生活を続けることができるかどうか、住民には大きな不安があった。しかし、その不安を取り除くのに十分な説明は行なわれていなかった。

　このような状態で遠くはなれた土地へ移れというのはかなり乱暴なやり方であったといわざるを得ない。結果としてほとんどの住民が金銭的な補償を選択している。地域住民はやむなく土地を売り払ったのだ。これまでに、新たな生計手段を確保するためのプログラムなど、土地を失った人々へのフォローアップは行なわれていない。また、土地の買い上げ価格は新しい土地を買うのには充分な金額にない等、不当な立ち退きが進められたことが技術委員会（後述）でも明らかになりつつある。

——(4)　地域住民やNGOに対する圧力・人権侵害——

　本事業をめぐっては、事業に伴う問題を指摘してきたケニアのNGOメンバーが逮捕、拷問、狙撃されるといった血なまぐさい事件が起こっている。1999年9月に現地調査に入ったケニアのNGOメンバーが麻薬所持、

レイプといった不当な言いがかりをつけられて地元警察に逮捕されているのをはじめ、2000年2月にはプロジェクトサイトでの住民集会を取材に訪れた日本人記者2名が、集会に集まった住民やNGO十数名と一緒に、「届出のない集会を開いた」として地元警察と名乗る鴻池組の警備員に地元の警察署まで護送されるなどの事件が起こっている。

また、2000年12月には「許可なくプロジェクトサイトに立ち入り、地元住民による暴動を先導した」としてケニアのNGOスタッフが銃撃、逮捕され、拷問を受けている。2001年1月の住民集会に参加した地元住民も事業者によって雇われた若者によって暴行を受け、2001年4月には活動家の車が夜道で追突事故の危機にあっている。問題を指摘しようとした人々は事業者やケニア政府によって、ことごとく圧力を受けているのである。

ケニアのNGOは2000年12月に河野洋平外相（当時）への要望書の中で事業の問題改善を求めたが、ケニア政府は虚偽の情報を日本政府に送付したとしてこれらの問題点を指摘したケニアのNGOスタッフを提訴中である。また、2000年12月に許可なくプロジェクトサイトに進入したとして逮捕された活動家もケニア政府から提訴され、現在国外逃亡をせざるをえない状況に追い込まれている。

──(5) その他──

事業に伴う汚職

現地ではこれまで、工事に伴う汚職がケニアのNGOらによって指摘されてきている。特に小学校の移転費用については費用が高すぎるのではないかとの指摘が行なわれてきた。事業に伴って移転される小・中学校の建設費用は、94年にコンサルタントが見積もった費用の3倍に及んでいる[16]。ケニアのNGOはこうした事業に伴う汚職を排除するために、国際的な機関による適切な監査が行なわれる必要があると指摘しているが、これまでに何の対策も行なわれていない。事業に伴う汚職が問題にされている中で、日本政府は小・中学校の移転費用は日本政府の支援の範囲ではないので大きな問題ではないとしているが、小・中学校の建設費用

にこれだけ水増しの疑いが持たれる中、200億円に及ぶ大型工事そのものに対しても疑念が湧いてくるのもうなずける。ケニア電力公社では、2001年8月に世界銀行への債務返済金200万ドルがスタッフの個人口座に振り込まれ横領されるという汚職事件も起きている。

事業に伴う問題

工事現場での組合の結成は固く禁じられており、土木作業員は組合を結成するとすぐに解雇されるなどの扱いを受けている。また、直接事業によって影響を受ける人々からの雇用率は4～8％にすぎず、事業者が約束した立ち退きなど事業の影響を直接受ける人々や地域からの優先的な雇用が進められているとは言いがたい。工事現場へのアクセス道路周辺での埃の被害（喘息、肺病、視力低下等）、工事の汚水が地域住民の農地に流れ込む被害や、年間を通して涸れることはなかった地域の小川や泉の枯渇等の影響も指摘されている。

3. 事業における社会環境配慮

――(1) 事業の準備段階における社会環境配慮――

河川の流量変化に伴う社会環境調査・対策の不備

事業に伴う河川の流量変化は流域に人々にとってもっとも深刻な影響であるにもかかわらず、どれだけの人々が、どのように、どれくらい川の水を利用しているのかについてEIAにおいて詳細な記述は見られない。立ち退きや農地の喪失だけでなく、事業によってもっとも大きく変化する河川の利用形態について、より綿密な聞き取り調査などが行なわれる必要がある。また、事業者は乾季においても0.5トン毎秒の流量を確保することを約束しているが、基礎データがないことなどを理由にこのわずかな流量で流域に生息する植物や魚の産卵、魚の遡上など河川生態系にマイナスの影響を及ぼさないかどうかについて詳細な調査は行なわれていない。

さらに、事業者は流域住民とって非常に重要な意味を持つオディノの滝の文化的価値についての情報を得ることができていない。国連開発計

画などはこうした状況を鑑みて、学校やコミュニティなどで、地域の老人に昔の習慣などの話を聞き記録にする中で「文化的・伝統的価値のある自然資源の再発見」を行なうことへの支援を始めている。昔話をたどっていくと、そこには守り神と自然との強い結びつきが存在することがわかる。伝統を守ることと自然を守ることが同時に行なわれていることの意味を再発見するのである。

このような配慮が主流になりつつある中で、本事業に関しては、特に川の流量変化に伴う流域住民への社会的影響について住民からの十分な聞き取り調査が行なわれていないということができる。地域の自然資源と非常につながりの深い生活を送っている途上国の人々にとって、川の流量変化が人々の生活にどのような影響をもたらすのか、季節の変動などを通して時間をかけて調査を行なうことが不可欠である。また、流量変化に伴う流域住民の生活や河川生態系、オディノの滝への影響について十分な調査が行なわれていないことは、その対策の不備にもつながっている。

不十分な情報提供と住民との協議
事業に関する基本的な情報が、影響を受ける地域の人々に十分に提供されておらず、地元でEIAや移住計画書も公開されていないことは重大な問題である。特に①発電された電力のほとんどが都市へ直接供給され、地元住民が発電された電力を使えるようになるためには、自分たちで変電設備のコスト負担をしなければならない点、②工事に伴う川の流量の激減や、③現地の宗教的・文化的遺産である「オディノの滝」の枯渇の可能性、④川に生息する魚の遡上など河川生態系に及ぼす影響、⑤灌漑事業は発電事業と切り離して考えられていること、⑥洪水制御は発電に伴う水量調整による副次的効果でしかないこと等、事業の内容について住民に十分な説明がなされていない。結果、水力発電事業に伴う地域への利益、不利益について正確に理解されておらず、住民と事業者の間での誤解を生み出すことになってしまっている。

開発事業において事業者と影響を受ける地域の住民との対話が重要であることは言うまでもないが、その際、事業による地域環境への影響と

その対応策を十分に住民に説明した上で、住民との対話が行なわれる必要がある。例えば、地元住民はNGOの活動家達が指摘するまで、水力発電所計画が祖先の霊安住の地であるオディノの滝に影響を与えることに気づいていなかった。また、2001年3月にケニアと日本のNGOが現地調査を行なった際、地元住民から土地の補償に関しては多くの指摘がなされたが、この時点でも発電事業開始後に確実に起こる河川の流量変化について理解している人はほとんどいなかった。これについて事業のコンサルタントは説明が十分に行き届いていないことを申し訳なく思っていると説明した。

　93年のEIA作成時には地元で調査が行なわれ、地域住民の土地利用などの生活調査や地域の社会経済問題、土地補償の形態などについては聞き取り調査が行なわれている。しかし、河川の流量変化など事業に伴う重要な社会環境影響調査の不備をみると、十分な情報提供と地元住民との適切な協議が行なわれたとは言い難い。

　——(2)　NGOによる問題の指摘と日本政府の対応——

ケニア国内での取り組み

　ケニアのNGOが事業の問題についてはじめて指摘を行なったのは第1期工事への融資が決まった後、98年のことであった。その後、ケニアのNGOによる現地調査が行なわれ、河川の流量変化に伴う社会環境影響、移住世帯への補償問題などが指摘された。ケニアのNGOは現地の日本大使館などを通じて問題を提示しようと試みたが、日本大使館は、事業はケニア政府が行なっているものであり、ケニア政府に話をしてほしいと現地NGOの意見に耳を傾けようとはしなかった。

　事業の問題が初めて国際的に発信されたのは、99年にケニアのNGOによる調査レポートがまとまってからである。その後、2000年2月に行なわれた地元での住民集会で、現地のNGOメンバーや住民リーダーだけでなく、日本人記者も同時に逮捕されたことで事業の不透明感が更に強まった。彼らは工事の施工主である鴻池組の車両で警察署に護送されたというのである。日本人記者は、日本の政府開発援助の名のもとにこのよう

な腐敗した事業が進められていることに怒りを覚え、ケニアの日本大使館に強く抗議した。

　この時、大使館は住民集会を解散させた地元自治体に抗議のレターを送付しているが、それ以上にどのような対策が取られたのか明らかではない。その後、本事業の社会・環境問題に関してはケニアの地元紙でもたびたび取り上げられたため、大使館やJBICはその問題について把握していたはずであるが、2000年3月にコンサルタントによって追加の環境調査が行なわれ、「深刻な環境影響は見られない」との結論がだされた後は、それ以上の具体的な対策は行なわれていない。

　2000年9月にはケニア電力公社によって第1回目のモニタリングリポートが作成されているが、このリポートに地元NGOの意見が反映されることはなかった。モニタリングチームは地元住民を含むステイクホルダー（利害関係者）で構成されていると事業者側は説明しているが、地元NGOや技術委員会のメンバーとなっている地域のリーダーは、このモニタリングチームのメンバーには選ばれていない。ケニアのNGOが事業者側は自分達に都合の良いメンバーだけを集めて、名ばかりのモニタリングしか行なっていないという指摘は、客観的に見てうなずけるものであろう。

日本での問題の認識

　日本で本事業についての問題が明らかになったのは、2000年2月の日本人記者の逮捕について共同通信からニュース発信が行なわれた時であった。しかし、このニュースはその後大きく取り上げられることはなかった。再び事業が注目を集めたのは、2000年12月に地元NGOと日本、アメリカのNGOが当時の河野洋平外相へ連名でレターを提出したときであった。この時以来、国会議員からの指摘もあって、日本政府やJBICは地元NGOの指摘に真剣に耳を傾けざるをえない状況になっていった。

　しかし、こうした地元NGOの活躍は事業者にとって歓迎されるものではなかった。というのは、これらの問題点の指摘によって第2期工事分への融資が遅れてしまったからである。そして2000年12月26日、翌年1月に予定されていた住民集会の準備のためにプロジェクトサイトを訪れていたケニアのNGOスタッフが狙撃され逮捕されたあと、拷問を受けるとい

う事件が起こった。この衝撃的なニュースはすぐさま日本政府やJBICに伝えられ、日本のNGOは日本政府に緊急の対応を迫った。この時外務省はケニア政府に、地元NGOスタッフの安否に関心がある、との電信を送るなど迅速な対応をとった。

しかし、2000年12月に事業の問題を指摘した地元のNGOメンバーは、「虚偽の情報を日本政府に送付した」、「許可なくプロジェクトサイトに進入した」などとして現在もケニア政府から提訴されている。日本政府は、こうしたケニア政府の対応はケニア国内の問題であり日本政府は関与しないという姿勢を貫いている。また、当時の在ケニア日本大使は記者会見の場で問題を指摘するケニアのNGOの活動を非難する発言を行なっており、こうした日本側の対応は地元住民やNGOの日本政府への不信感につながり、双方のコミュニケーションを難しくしている。

技術委員会の設置と公正性

2000年12月にケニアのNGOの問題提起を受けて最初に検討されたのは、事業者と地元住民やNGOとの協議であった。2001年1月にすべてのステイクホルダーが参加可能な住民集会が行なわれるまでに、準備に携わったケニアのNGOスタッフが銃撃を受けるなどの事件が相次いだが、最終的にはJBICの東京のスタッフも現地に飛び、ケニアや日本のNGOも参加のもとプロジェクトサイトでの協議が行なわれた。

この住民集会の場でNGOの提案によって設置されたのが、すべてのステイクホルダーが参加して問題解決の方法を模索するための技術委員会であった。委員会のメンバーは事業者、地元出身の代議士、自治体関係者、専門家、地域住民、NGO、ケニア電力公社など総勢33名。技術委員会では、地域からの苦情に応え、「土地の補償と移住」、「雇用と事業機会」、「環境」、「保健と安全」の4つの小委員会を通じて住民から指摘される問題について調査し、話し合いながら問題解決をすすめていくことになっている。日本大使館やJBICもオブザーバーとして委員会に参加している。2001年6月には技術委員会のメンバーによって「ステイクホルダーの懸念と苦情」についてのレポートがまとめられた。

しかし、ここで選ばれた専門家は全員事業主体であるケニア電力公社

が指名しており、委員会のメンバーは必ずしも中立的ではないとの指摘がNGOから出されている。また、問題に対して科学的な解決を編み出しうる知識や技能をもつ専門家がいないこと等も指摘されており、メンバー構成の見直しが求められている。委員会の議長を毎回ケニア電力公社が勤めている点についても、公正性の問題がNGOから指摘されている。NGOは2001年4月から再三にわたって技術委員会の公正性についての問題を指摘し要望書を提出してきたが、技術委員会の再構成はいまだに進んでいない。また、技術委員会では事業計画そのものの是非を問うことはできない。技術委員会設置の際に、ここで何を話し合うのか、その権限や機能、構成、運用などについて十分な話し合いが行なわれるべきであったろう。

4. 国際協力銀行の社会環境配慮における今後の課題

――(1) 社会環境配慮についての審査の質――

　河川の流量変化による地域社会への影響について、調査内容や対応策の不十分な点については、JBIC自身が審査の時点で指摘するべき問題であった。例えばオディノの滝の重要性についての認識不足や保全対策の不備、流量の大幅な減少による流域住民への影響や、あいまいな河川生態系への影響評価など、調査レポートを見るだけで明らかなポイントはいくつかある。にもかかわらず、追加調査や対策を怠っているようなJBICの内部審査や対応の質が問い直されるべきであろう。今後、専門家の採用など環境審査体制をさらに拡充していく必要がある。

　また、こうしたリスクを回避するためにも、開発計画調査や環境アセスメント報告書といった事業についての基本的な資料が現地で公開されているかどうかについて、JBICの審査において確認することも重要である。また、自然環境だけでなく社会環境への影響を的確に把握するためには、住民との十分な協議が不可欠であるが、地域住民に事業について十分な説明が行なわれた上で適切な協議が行なわれているかについて確認することも、国際協力銀行の審査において重要なポイントである。

JBIC自身による情報公開を進め第三者からの意見を求めることや、審査結果を公表していくことも、審査の質を高める一つの方法であるといえるだろう。
　さらに、ソンドゥ川の水源地のひとつ、マウ森林の伐採状況については、85年以降追加調査がまったく行なわれていない。水資源開発において水文の十分な調査なしに開発を進めることは非常に危険であり、古い調査については再評価が不可欠である。環境影響調査においては、環境対策や文化的遺産、土地補償などについて、相手国の法律が明確な基準であり通常これにそって審査を行なうが、本件のように法律自体が充分に整備されていない場合、JBIC自身が国際機関の基準などをもとに十分な審査を行なう必要があるだろう。

──(2)　第三者からの情報を生かす枠組みの不在──

　事業が実施された後でも、事業にともなう問題に対応して計画の見直しや一部変更、中止は可能であるし、必要である。そのためにはJBICに第三者からの指摘やコメントに対応する姿勢が必要である。しかしながら、本事業では、事業者側がNGO側の指摘を無視しつづけるという対応の悪さ・遅さが随所に見られた。国際協力銀行や大使館は日本のNGOを通じた日本での国会議員やメディアなどへの働きかけが行なわれるまで、追加調査や事実確認、地域住民やNGOとの協議の場の設定等の対応を怠ってきた。
　例えば、地元NGOはケニアの日本大使館に話し合いの申し入れをしていたにもかかわらず、この申し出は受付窓口で無視され続けた。また、地元NGOは当初よりオディノの滝の重要性について指摘してきたが、これに対してJBIC側が全面的に否定するなど、独自調査の甘さに加え外部からの情報に対する対応の狭さが見られた。日本でも問題が大きく取り上げられ始めた2000年12月以降は、国会議員や日本政府、国際協力銀行によるの調査ミッション派遣の際には現地NGOとの話し合いも設けられた。しかし、2001年6月には当時の在ケニア日本大使館の青木大使が、記者会見の場で問題を指摘するケニアのNGOの活動を名指しで批判するな

ど、NGOと話し合いの姿勢を見せるどころか対立の姿勢をあらわにした。

　これらの点は、JBIC、日本政府において、現地の市民、NGOなど第三者からの情報を生かす仕組みが整えられていないことを示しており、その姿勢が問われるものである。ODA大綱において「NGOとの連携」を重要視しているにもかかわらず、実際には、事業の推進に不利な情報を問題解決のために生かそうとする姿勢は見られなかった。今後、第三者からの情報を環境リスクの判断に生かすための仕組みが整えられるべきであり、そのための窓口が明らかにされる必要がある。また、定期的に現地NGOと個別案件や政策について情報交換を行なうことも、事業のリスク管理において非常に有効な方法であるといえるだろう。

──(3)　**JBICによる情報公開と協議の必要性**──

　JBIC自身が情報公開と協議を進めていくことも大変重要である。この地域にはこれといった大きな産業もなく、国の内外を問わず地域の外から経済資本が入ってくることは雇用の促進という意味において歓迎される。この水力発電事業はまさに外部から持ち込まれた「経済資本」であった。別の見方をすれば、「(唯一の経済資本である)事業に対して何か不満があっても、それを(言ってしまうと資本が撤退してしまうので)言うべきではない」という地域内部での自粛につながり、お互いの事業への反発に対する無言の圧力に変わったと言っても言いすぎではないだろう。こうしたことから考えると、外から地域に入って援助を行なう側が情報の公開を徹底させ、自ら住民との話し合いを重ねることも重要である。

　本事業において、事業地域で初めてすべてのステイクホルダーの参加する住民集会が開かれたのは、工事が始まって2年後の2001年1月になってからであった。しかもこの住民集会は、NGOの再三の呼びかけに応じて開催されたものにすぎない。諸対応は遅すぎたと言わざるを得ない。JBICは必要に応じて自らのイニシアティブによるステイクホルダーとの協議の場を設定する必要があるだろう。また、事業への融資が決まる前にNGO等も含めたすべてのステイクホルダーによる協議の場を継続的に

設定することは、事業の社会環境影響調査を適切に把握し、その対策を検討する上で非常に有益な方法であるといえる。

──(4) JBIC独自のモニタリングの必要性──

　本事業に関しては、98年から地元NGOが事業の問題点について指摘を行なってきたにもかかわらず、事業者が作成した2000年10月のモニタリングレポートにはこれらの内容はまったく反映されていない。事業の遅滞ない進捗を望んでいる事業者に、事業の問題点の正確な報告を期待することは大変難しい。本来ならば事業者からの一方的な報告に頼らず、すべての事業においてJBIC独自のモニタリングを行なうべきであろう。しかしそこまでできなくても、特に環境配慮対策の有無や事業による環境影響の如何によって、地域に多大な被害を及ぼす危険性がある場合などは、JBIC自身が直接、事業の進捗状況について慎重にモニタリングを行なうことが重要である。特にケニアにおいては、日本大使館、国際協力銀行は首都ナイロビに事務所を構え、現在進行中の円借款案件は本件のみであるにもかかわらず、十分なモニタリングが行なわれてきていない。現地事務所を活用した現地への踏査や地域住民・NGOとの対話等を含めた、適切なモニタリング体制が至急に検討されるべきであろう。

　本件では未解決の問題に取り組んでいくために、2001年1月の住民集会の後、NGOの提案によりすべてのステイクホルダーによって構成された技術委員会が設置された。この委員会を通じて事業のモニタリングが行なわれることになっている。技術委員会には国際協力銀行や大使館スタッフもオブザーバーとして参加しており、問題解決に向けた非常に画期的な枠組みではあるものの、前述のように地元NGOからは委員会の公正性について疑問の声があげられている。技術委員会は問題解決のひとつの方法ではあるが、その目的、構成、プロセスなどについては、十分な時間をかけて話し合い、適切な合意を得て進められなければならない。また、今後の問題解決は技術委員会の適正な実施如何にかかっているだけに、委員会だけでなくJBICとしても独自のモニタリングを行なっていく必要があるだろう。特に、立ち退きを余儀なくされた人々、及び生計

手段を失った人々のその後の生活状況や、発電事業開始後の川の流量変化などのモニタリングについては、第三者機関による綿密なモニタリングとフォローアップが不可欠である。

　第三者機関によるモニタリングについては、中立的な立場にある機関、専門家、NGO等との協力はもちろん、地域住民自らによるモニタリングの重要性も見落としてはならない。環境への影響を一番よく知り、開発の是非を決める権限をもつのは、政府でもなく、NGOでもなく、そこに住む地域住民であるからである。最近では、住民によるモニタリングが導入されているNGOの開発事業もあり、こうした手法は今後JBICのモニタリング方法の改善に寄与するものと思われる。JBICが多面的にNGOとの対話を充実させ、アドバイスの受け入れを行なっていくことは、今後の事業の改善にも繋がっていくだろう。

――(5)　第2期工事への融資決定前の再調査――

　本事業は、当初から第1期、第2期工事に分けて融資が行なわれることが決まっていた。第2期工事分への円借款の「事前通報」は1999年9月に行なわれているが、このとき給水事業の進捗状況や地域住民への補償などその社会環境対策が適切に行なわれてきているかについて再度審査が行なわれたのかどうかについては、疑問である。というのは、最初のモニタリングレポートが出されたのが2000年9月になってからだからである。また、ソンドゥ川の水源、マウ森林の破壊についても1999年9月の時点で再評価は行なわれていない。

　第1期工事と第2期工事の環境配慮対策は大きく変わるとは思えないが、少なくとも第2期工事への融資を決定する前に、十分な対策が取られているか、新たな問題が発生していないかについて確認を行なうことは不可欠である。また、こうしたモニタリング情報は市民に公開され、国際協力銀行による説明責任が明確にされるべきである。

――(6)　環境配慮対策の融資条件への反映――

　本事業においては、第2期工事への融資の「交換公文」締結前に事業の

社会環境問題が日本の国会審議でも9回にわたって取り上げられ話題となった。このため、融資契約締結前に事業を進めるに当たって懸念される問題について、適切な対策がとられることを条件として「交換公文」が交わされることが検討されている。JBICはこれまで問題になった案件について、融資契約において合意がなければ一方的に融資を止めることは契約違反につながる、問題案件を中止に追い込むことは非常に困難であると説明してきている。しかし、本件においては融資契約前に問題が明らかになることによって、問題解決策の適切な実施を融資契約の条件として書き込むことが検討されているのである。これは問題が起こった場合に融資を止めるという法的拘束力をもった契約であり、問題解決を進め、問題の発生を抑えるインセンティブとなりうる。

　しかし、実際に問題解決が進んでいるかどうかについて、誰がどのように判断を下すのかという問題が残る。こうした問題をクリアしていくためには、その進捗状況について地元住民やNGOと協同の適切なモニタリングを進めていく必要がある。そのためには、環境配慮対策に関する融資条件が公開される必要がある。また、問題解決や適切なモニタリングを進めていくのに十分な体制が整っているのかどうかについても、各国の人権状況なども鑑みて検討される必要がある。

注：
1　2001年12月現在
2　水力発電所（6カ所、40MW以上の大型の水力発電所のみ。これ以外に20MW以下の小型水力発電所が7カ所ある）、石油火力及びガスタービン（3カ所）、地熱発電所（1カ所）
3　ケニアの総発電量は970MW。これに加えて、ウガンダ電力庁のオウェンズフォール水力発電所から30MWの電力を購入している。
4　環境影響評価、事業規模、事業費及び事業期間の調査等
5　計画の第1期分として土木工事の一部（取水設備、導水路、アクセス道路等の整備）に44億2500万円、またコンサルティングサービスの実施に18億7600万円が円借款の対象となっている（衆議院議員首藤信彦君提出ケ

ニア共和国ソンドゥ・ミリウ水力発電事業に関する質問に対する答弁書、内閣衆質151第71号、平成13年6月15日)。
6 放水路、発電所、変電所等の整備
7 「環境配慮のためのOECFガイドライン（初版）」は1989年10月に旧海外経済協力基金が作成。1995年8月には第二版が作成されている。
8 「対ケニア円借款『ソンドゥミリウ水力発電計画』」2000年12月岡崎トミ子参議院議員宛外務省作成資料
9 円借款供与についての政府間の政治的コミットメント。プレッジとも呼ばれる。円借款供与の際、「事前通報」の後、政府間による文書によるコミットメントである「交換公文」が交わされ、その後国際協力銀行と途上国政府との間で「融資契約」が交わされる。
10 2000年7月から2001年6月までの1年間の債務繰り延べ
11 外務委員会や行政監視委員会、決算委員会など第151回通常国会及び153回臨時国会の衆参両院で9回にわたって取り上げられた。また、2001年12月現在までに5本の質問主意書が出されている。
12 円借款供与についての政府間の文書によるコミットメント。
13 「本件計画は、再生可能なエネルギーである水力を用いるため、火力発電所の運転に伴う化石燃料の消費及び発電に伴う温室効果ガスの発生を抑制する効果が期待されること、流れ込み式水力発電であること等環境への負荷が大きくないことから、地球環境問題対策に資する案件として特別環境金利の適用対象となると判断したものである。」（衆議院議員首藤信彦君提出ケニア共和国ソンドゥ・ミリウ水力発電事業に関する再質問に対する答弁書、内閣衆質151第133号、平成13年7月31日）。97年から始まった環境特別借款は、日本企業の受注を増やすようにとの政治的圧力から、ODAのアンタイド化の流れに逆流して「タイド」で行なわれることになった。
14 土木工事は大成建設と鴻池組、鋼構造物（水圧鉄管、水門、バルブ等）は石川島播磨、発電機器は三井物産と東芝、送電線、変電所はきんでんが受注している。
15 1983年に発布されたAntiquities and Monuments Act。この法律では、文化的価値について既に知られていて保護対象となっている土地や対象物のみを対象としている。
16 日本政府は小学校2校、中学校1校、教会の移転費用は約2億5700万円であり、これは妥当な金額であるとしているが、RPS Internationalが94年9

月に行なった調査（Resettlement Plan）では、小学校1校、中学校1校、教会の移転費用は約6946万円（4570万Kshs）と見積もられている。

引用・参考文献：
- 国際協力事業団『ソンドゥ川水力発電開発計画調査書主要報告書』1985年12月
- Detailed Design and Preparation of Tender Documents for Sondu-Miriu Hydroelectric Project, Environmental Impact Assessment, Data Book(5), Nippon Koei Co. LTD. Consulting engineers, July 1991
- Sondu-Miriu Hydroelectric Project, Environmental Impact Assessment, Executive Summary, Nippon Koei Co. LTD. Consulting engineers, September 1993
- Sondu-Miriu Hydroelectric Project, Resettlement Plan, RPS International, August 1994
- Sondu-Miriu Hydropower Project, Technical Committee Report on Stakeholders Concerns and Grievances, The Technical Committee of SMHPP on Behalf of The Assembly of Stakeholders, June 2001
- 環境事業団平成12年度海外民間環境保全団体の実態等に関する調査（ケニア）
- ケニア電力公社ホームページ（http://www.kengen.co.ke）
- 国際協力銀行ホームページ（http://www.jbic.go.jp）

（さらに詳しい情報はこちらをご覧ください。）
- 地球の友ホームページ（http://www.foejapan.org/aid）

フィリピン・サンロケダム所在地

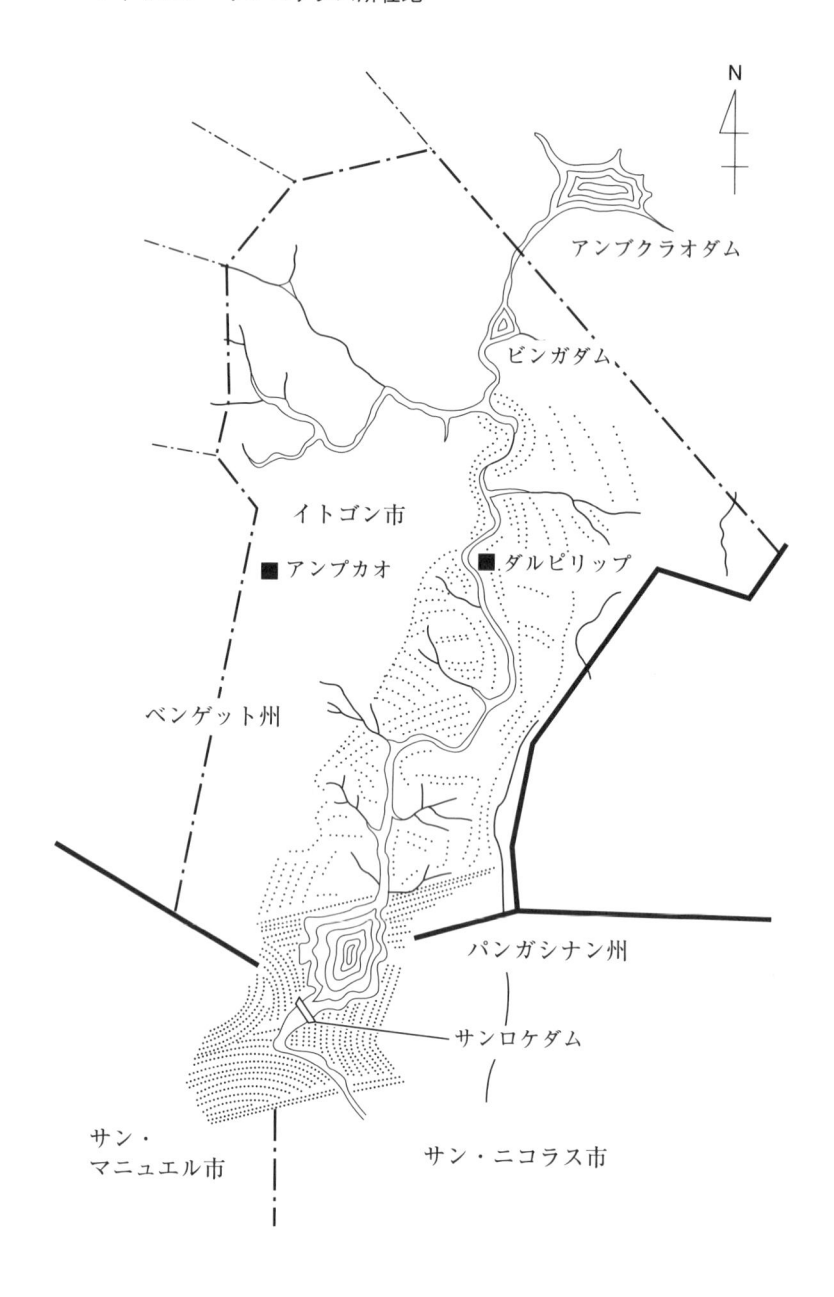

第5章
土地喪失を懸念する先住民族
フィリピン・サンロケ多目的ダムプロジェクト

本山央子

フィリピン全図

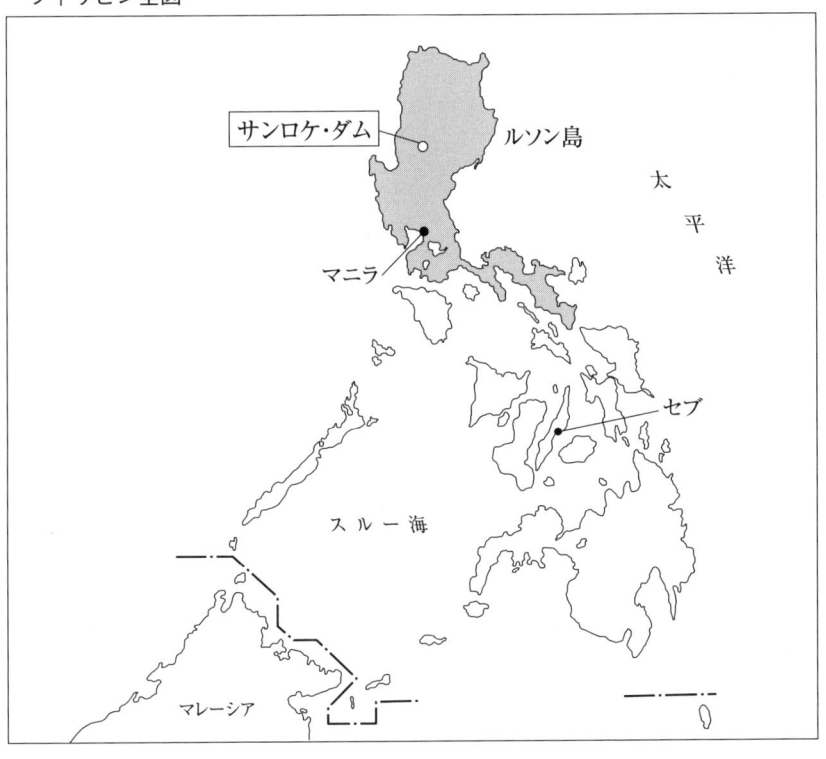

1. プロジェクトの概要と経過
――サンロケ多目的ダムプロジェクトの概要[1]――

　フィリピンのルソン島、マニラから北に200キロほどのパンガシナン州アグノ川流域の町サンロケで、巨大ダムの建設が進められている。水力発電を主目的とする「サンロケ多目的ダムプロジェクト」は、フィリピンと日本との経済協力リストの筆頭に掲げられた、最重要国家プロジェクトである。フィリピン政府は、海外投資家や観光客をひきつけ経済開発を推進するため、2035年までに現在の電力供給能力を15倍に高める計画[2]を立てている。サンロケダムはその計画の重要な一部とされており、鉱山採掘や農産業、輸出工業、観光業等のために安定した電力を供給することが期待されている。水力発電のほか、パンガシナン平野8万7000ヘクタールの灌漑、洪水の制御、鉱山からの廃水の水質改善、安全な飲料水の提供、さらにエコ・ツーリズムまでがダム開発の目的として挙げられている。発電容量345メガワットは決して大きい方ではないが、貯水量8億5000万m³、ダム高190m、堰堤長1.1kmと、ダム本体の規模としてはアジア有数の巨大ダムとなる予定である。

　サンロケダムプロジェクト全体はフィリピン電力公社（NPC）の管理責任のもとで行なわれるが、このうち発電事業については民間事業者「サンロケパワー社」が運営する「BOT方式」で行なわれる。BOT方式とは、企業が発電所等の設備を建設、一定期間の所有・運営を請け負い、その後現地の事業体に移管する、民活インフラ開発の手法である。サンロケダムの場合、サンロケパワー社はダム建設後25年間NPCに電力を卸売りし、その後NPCにダム設備を移管することになる。サンロケパワー社は、丸紅とサイスエナジー社（丸紅資本の米企業）、関西電力の3社が出資する現地法人であり、これらの企業にとっては海外投資事業ということになる。

　サンロケパワー社とNPCの間の電力購買契約では、流水量不足等で十分な発電ができない場合でも、サンロケパワー社は常に一定額の支払いをフィリピン財務省から保証されることになっている[3]。逆に言えば、こ

のような事業運営のリスクが事業者ではなくフィリピン政府に転嫁される可能性がある。また土砂堆積によってダムの寿命が予定の40年よりも短くなるのではないかとの予測もあり、GDP（実質国内総生産）の7割を海外への債務返済にあてているほどの重債務国フィリピンにとって、巨額の建設費に見合うだけの経済効果があるのかを疑う声もある[4]。

サンロケプロジェクトの総事業費は11億9100万ドル（約1200億円）。このうち、旧・日本輸出入銀行（現・国際協力銀行国際金融等業務部）は、発電部門を運営するサンロケパワー社に対し約3億ドルの投資金融を、またダム本体部分の建設費用としてNPCに4億ドルのアンタイドローンを融資している。旧輸銀の融資だけで総事業費の半分以上が賄われる計算である。日本の民間銀行団（東京三菱、富士、住友、住友信託、さくら銀、三和、農林中央金庫）も約1億5000万ドルを協調融資している。ところでこの輸銀の投資金融は、ビジネスベースの判断というより、明らかにNPC向けのアンタイドローンと抱き合わせで、より政治的な判断から決定されている。日本の資金がなければ実現しない事業であり、おそらくかなり早い段階から資金供与交渉は始まっていたと推測される。この点から、あとで考察するような環境・社会配慮の確認と融資決定とは明確にリンクしていなかったのではないかと考えられる。

――プロジェクトの経過――

サンロケダムの建設計画が初めて提案されたのは1974年である。フィリピン電力公社（NPC）がイタリアのエレクトロ・コンサルト社（ELC）に水力発電の可能性調査を依頼し、1975年には灌漑開発を含めた検討が行なわれた。1983年にNPCは、ELC社に対し追加調査も依頼した。この間、フィリピン政府は世界銀行や国際通貨基金（IMF）等に資金援助を要請したが、失敗に終わっている。その後、フィリピン政府は日本に援助を要請。第12次円借款要請リストのトップにサンロケプロジェクトをあげ、日本の国際協力事業団（JICA）に実行可能性調査の一部見直し及び追加調査を依頼した。最終的には、サンロケプロジェクトは円借款リストから外されたが[5]、JICAによる調査は行なわれ、「サンロケ多目的ダム

開発計画調査最終報告書」として1985年に提出された。1984年には環境影響評価（EIA）が行なわれ、1985年にフィリピン環境資源省は一定の条件を付して環境保証書を発行し、計画実行を許可した。また1988年からはアグノ川流域治水計画調査がやはりJICAの手によって行なわれた。

　このように1980年代に多くの調査が行なわれたが、計画が実行に移されることはなかった。1980年に生じた国際金融危機を引き金としてフィリピン経済は悪化の一途を辿っており、大規模開発計画のほとんどすべてが凍結に追い込まれたのである。しかし、計画自体が消滅した訳ではなかった。1995年、ラモス政権は経済開発計画「中期開発計画（フィリピン2000）」のなかで、サンロケダム建設計画に工業化に必要な電力を担う大きな役割を与えた。そして、ダム計画のうち発電事業について民間企業が主体となる開発方式をとることにより、この大規模計画の息を吹き返させたのである。

　1997年2月に公開入札が行なわれた結果、その年の4月に丸紅率いるサンロケパワー社が落札した[6]。1997年4月に当時のラモス大統領出席のもと着工式が行なわれ、98年2月にダム本体工事が着工された。

　旧日本輸出入銀行がいつ頃から融資要請を受けていたのかは明らかでないが、1998年9月にフィリピン電力公社（NPC）との間で融資契約に対する同意覚書を交わし、10月には発電事業を行なうサンロケパワー社に対して約3億ドルの投資金融供与を決定した。その直後に上流部の社会影響調査が不十分だったことが判明したため追加融資は一時停止されたが、1999年9月には非発電部門（ダム建設）のため、NPCに対し4億ドルのアンタイドローンを提供することを決定した。事業者によればダム建設工事は2001年8月時点で全体の83％まで進んでいるとのことだが、上流部の集水域管理計画は資金確保の困難から実施の遅れが心配されている。

2. プロジェクトに関わる問題点

——(1) 上流部への土砂堆積の懸念——

　アグノ川上流部のベンゲット州イトゴン市ダルピリップ村は、サンロ

ケダムが建設されている下流のパンガシナン平野とは対照的な山岳地域にある。アグノ川周辺の土地は斜面が急なうえに岩盤がもろく、土砂が流出しやすい。大量の土砂は下流に運ばれる間に河床に堆積し、川岸の土地をしだいに侵食しながら水位を上昇させることになる。特に台風時には水かさが増し、洪水や橋が流される等の被害が起こりやすくなる。さらに上流部での大規模な鉱山開発によって大量の汚泥がアグノ川に流入していること、付近の山の伐採が進み植林事業もうまくいっていないことが堆積を悪化させているという。ダルピリップ村に住む先住民族イバロイ族は、下流にサンロケダムが建設されることによって、土砂や水の流れがせき止められ、すでに深刻化している流域の土砂堆積がさらに悪化することを懸念し、計画当初からサンロケダムに強く反対してきた。

　イバロイ族の懸念には相応の根拠がある。1950年代から60年代にかけて、ダルピリップ村のさらに上流のアンブクラオ村とビンガ村に建設された2つのダムによってもたらされた大きな災害の経験である。ダム上流の村周辺の土砂堆積は年々ひどくなり、ついに川からかなり高い土地にある畑や家屋まで土砂で埋まってしまった。洪水被害も大きくなり、結局、多くの村人が移住を余儀なくされたのである。このとき被害を受けた村民の親戚はダルピリップ村にも多く、その記憶は生々しい。その後の被害補償も進んでいないことから、イバロイの人々はNPC＝フィリピン政府に対して強い不信感を抱いている。

　また、アグノ川とその流域の土地に深く根ざした生活を営んできたイバロイ族のアイデンティティーへの影響の問題もある。人々は生活の糧を主に水田や畑、果樹、川や森などから得ており、また川での砂金とりは重要な現金収入源となっている。川と土地は彼らにとって生計手段であると同時に、伝統的な文化、儀式、知識とも深く結びついている。とりわけダルピリップ村はイバロイ族の祖先が眠る聖地と考えられており、堆積による浸水や土壌の侵食は民族の存続という意味でも決定的なダメージをもたらすことになる。現在アンブクラオ、ビンガ両ダムではダム湖の上流17kmまで土砂堆積が進んでおり、サンロケダムのダム湖からわずか5kmしか離れていないダルピリップに影響が及ぶことは必至と村人

は考えている[7]。

　こうした懸念の妥当性を事業者側は一貫して否定している。ダム湖は土砂が何年にもわたって堆積しても十分な容量があり、調査の結果、毎年の洪水時以上に上流部流域の水位が上昇するという結果は得られなかったと説明している。しかしこの流水域管理計画は、以下に見るように十分な支持を得ておらず、実施を危ぶむ声もある。なお、NGOの委託を受けてNPCによる環境影響調査（EIA）を論評した独立専門家は、堆積率、洪水の発生程度予測について一般的基準よりも低く見積もっていると指摘している[8]。これについて事業者側は反論をJBICに提出し、JBIC自身も独自のコンサルタントを雇用して調査の内容について評価したとのことだが、公表はされていない。

　土砂堆積問題を含む上流部自治体・住民のさまざまな懸念を受けて、事業者およびフィリピン環境資源省は、アグノ川上流域の環境管理と開発に関する集水域管理計画を作成した[9]。植林や砂防ダム整備等による土壌流出の防止は住民の懸念に配慮したものであるとともに貯水池の水源

工事が進むダム建設現場。

確保という観点からも重要であるが、それだけにとどまらず、生物多様性の保全、森林保全や土地所有制度の改善等、アグノ川流域の総合的な環境管理と地域開発まで視野に入れたものになっている。

　上流部の環境劣化は以前から問題になっていたため、何らかの環境管理の必要性は誰もが認めるところだが、サンロケダム計画に不満の強い上流部に対する地域振興計画の性格もうかがわれることから、反発する意見もあり、ベンゲット州政府は承認を与えていない。もうひとつの懸念は、4年間で総額7億4500万ペソの予算がフィリピン国内の財源から無事確保されるかどうかということであり、計画の遅れや実施が不十分になることも懸念される。

──(2)　非自発的移住者の生活再建──

　プロジェクトによる立ち退きを迫られる人々は、現時点において事業者が把握しているだけで741世帯にのぼる（ダルピリップ村周辺の住民は、長期的堆積の影響で自分たちもいずれ立ち退かねばならなくなると考えているが、ここでは含めない）。NPCは移転住民に対し3つの補償オプションを示し、土地、家屋等の資産損失に対する金銭による補償、あるいは代替家屋、迷惑料、移転料を支払っている。NPCの用意する再定住地には200世帯あまりしか入ることができないので、その他の500世帯ほどは自ら補償金で移転先を探さねばならない[10]。

　ほとんどの移住者はこれまで農業で生計を立ててきたため、金銭補償を受け取ったところで投資能力に長けているわけではなく、土地を失ったいま、適切な支援がなければ補償金を使い果たして貧困化する危険性は高い。移住者はダム建設現場での優先的雇用が約束されているが、一時しのぎにしかならないことは明らかである。その雇用ですら数が限られているうえ、ダム建設が終わりに近づくにつれて、現場労働者の数は削減されている。2000年4月には地元住民と従業員約1000人が雇用者削減に反対し抗議活動も行なった[11]。

　フィリピン電力公社（NPC）は移住者の生活再建支援策として村レベルの基金を用意し、技術支援を提供するなどして住民のスモールビジネス

を奨励している。これまでにキルトや籠など手工芸製作や家畜飼育などのプログラムが行なわれたが、成功している例は少なく、長期的な生計手段になる可能性は低い。村長に管理を任せた生活再建プログラムのための資金が汚職をはびこらせる結果になっているとの批判もある。農民たちにとって土地がないのは致命的であり、代替家屋は与えられても電気や水道代が払えず、無為に日を過ごす人々の姿が目立っている。それでもNPCの移転地に移った人たちにはまだ支援があるが、他の土地を探して移転した人々の状況は十分に把握すらされておらず、今後の貧困化が心配される。

——(3) 下流部における環境影響——

　ダム建設工事が進む中、下流でも事業による環境影響が当初の説明以上に大きいことが明らかになった。フィリピン環境資源省は1999年10月、パンガシナン州サンマニュエル市における違法な採石作業を停止する命令を出した。問題の活動は、ダムの建設材料となる石材を採取するため、アグノ川流域の500ヘクタールに及ぶ地域の表土を深さ10メートルほども削り取るもので、これにより数百世帯が立ち退きを強いられる。

　サンマニュエル市は、環境保証書で認められた地域外で採掘作業が行なわれていること[12]、この作業により立ち退きを強いられるラックラック集落のイバロイ民族との合意が得られていないことを訴え、事業者および輸銀に対しても適切な対応を求めていた[13]。市の訴えを受けて調査を行なった現地の鉱山・地理局事務所は、アグノ川沿いの大量の採石は、付近の村への浸水、洪水の恐れがあり、また長期的に堆積物と水量のバランスが崩れ、川岸の侵食が悪化するとの報告を行なった[14]。

　環境資源省による建設工事の停止命令は、事業者に衝撃を与えた。事業者は、ダム建設に適した石材の採取場所を掘削前に正確に把握するのは困難であると言うが、違法状態が発生しているのは事実であった。結局、事業者の訴えを受けた大統領府が、サンロケダム建設は国家プロジェクトであり、環境資源省および地方自治体がこれに協力すべきであるとの大統領令によって停止命令を取り消させた[15]。

しかし移転させられた先住民族コミュニティと事業者との間では補償金の支払いをめぐって対立が続き、また採石事業が洪水被害を拡大させているとの指摘もある。採石事業によってアグノ川の流れが大きく変化し、ダム建設のための森林伐採および露天掘り式の採石事業が土砂堆積を悪化させていることが、ここ数年の洪水被害悪化の一因であると見られている。また、2001年7月上旬の台風の際には、アグノ川上流のアンブクラオダムとビンガダムの水門が決壊を防ぐために開放された結果、発生した鉄砲水が同下流域に家屋崩壊、農地荒廃の被害をもたらした。このため下流部住民の間には、サンロケダムの建設がさらに洪水被害を悪化させるのではという懸念が高まっている[16]。

——(4) 法律面に関する諸問題：地元自治体および先住民族の合意——

　フィリピン地方自治法によれば、開発計画の実施には、事業によって影響を受ける自治体の合意が必要であるが、上流部のベンゲット州およびイトゴン市については、当初、プロジェクトの影響はないと考えられていたため、承認のないままサンロケ計画は実行に移された。ベンゲット州政府は今日にいたるまでプロジェクトへの反対を崩していない。これが現状で違法状態を構成するという意見に対し、事業者はベンゲット州側に影響が及ぶ時点までに合意を得ればよいとの見解をとっている。

　反対運動の中心地ダルピリップ村を抱えるイトゴン市は、サンロケダムの影響に対する住民の懸念に応えるにはフィリピン環境資源省の発行した環境保証書の条件では不充分であると判断し、計画承認の条件として独自に要望事項17項目を示した[17]。この中には住民に対する情報提供、ボトムアップ方式の集水域管理計画の策定、上流部への影響調査、モニタリング委員会へのイトゴン市の参加等の項目が含まれており、またその確実な実行のための金額および資金源、時間枠の提示を求めていた。反対派住民の間には、この「条件闘争」に対する強い反対もあった。しかし客観的に見て、ダルピリップ住民はもちろん、その他の砂金採集者や小規模採鉱者のニーズへの対応など幅広い懸念事項をカバーしており、上流部への影響を軽視している環境保証書を補う多角的な観点から事業

の環境配慮を求めるものである。政府および事業者がこの「17項目」の実施を約束したため、イトゴン市は99年1月に事業承認に踏み切った[18]。

しかし2000年9月から10月にかけて、このイトゴン市議会およびパンガシナン州サンニコラス市の議会が相次いで事業承認を翻す決議を下し、事業者を慌てさせた[19]。いずれも、土地補償や住民移住などに関する自治体との合意を事業者側が遵守していないことがその理由だった。またパンガシナン州サンマニュエル副市長らも事業者による採石活動がもたらす移住と環境破壊を批判する声明を出した[20]。いずれの市議会でもその後反対決議は覆されたが、現地の環境や住民に配慮しない事業者の姿勢、そして合意遵守を確保しない政府やJBICに対する地元の不満が高まっていることを示している。

もう一つの法律面の論点は、「先住民族権利法」の遵守である。同法は、開発プロジェクトが先住民族の地域社会に影響を与える場合、その地域社会が「①自由な選択権をもち、②十分な情報を与えられた上で、③事前に」合意することをプロジェクト実施の条件としている。サンロケダムの場合、ダルピリップ村および下流のラックラック集落のイバロイ民族との合意がなされていないことから、先住民族委員会はサンロケプロジェクトが適切な先住民族との協議を経たものとは認めていない。

3. 国際協力銀行の環境配慮

――環境配慮のプロセス――

上述したようなサンロケダム計画のさまざまな問題には、最初から指摘されていたものもあれば進行中に明らかになったものもある。JBICはこれらの問題点をどのように認識し、対応してきたのか。特に融資決定前後の時期に焦点を絞り、JBICの環境配慮のプロセスを検討する。

(1) 融資決定前の環境審査

旧・日本輸出入銀行がサンロケダム計画への融資を検討していることをNGOがはじめて知ったのは98年4月の新聞報道だった[21]。その半年後には最初の発電部門に対する融資契約が締結されている。旧輸銀が関与す

る時点ですでにダルピリップを中心とする上流部先住民族による強力な反対運動が組織されていたため、融資決定前の議論は主に上流部への環境影響に集中した。

　土砂堆積による被害を懸念する上流部住民のダム計画に対する反応は素早く、プロジェクトが具体化した96年には最初のパンフレットを発行して反対運動を本格的に開始している。彼らと接触を持っていた日本のグループも97年12月、丸紅に手紙で住民の懸念を指摘している。ベンゲット州、イトゴン市の議会においても、サンロケダム計画の承認は重要な政治問題となっていた。

　環境調査を担当したNPCは当然、こうした上流部市民および自治体の懸念を認識していた。しかし84年の環境影響評価が更新された時も上流部への影響は軽微とされ、ベンゲット州側の自治体や住民は重要なステイクホルダー（利害関係者）として認識されなかった。このため、自治体の同意は必要条件とされず、住民との協議も行なわれたものの、彼らの意見は事業計画に大きな影響を与えなかった。

　ところでNPCは、上流部への影響を故意に過小評価していたふしがある。NPCの依頼で現地人類学者が96年に行なった社会経済調査は、広範囲の土地と天然資源に依存する先住民族にとって、ダムによる流域の環境変化が重大な脅威となりうること、砂金採取の経済的重要性等、重要な問題点を指摘したが[22]、この報告はついにNPCに重視されることなく、旧輸銀にも提出されていなかった。NPCによる上流部の水没影響予測は洪水時の水位から地理学的に割り出したもので、そこで生活する人々の数やその経済社会状態の実地確認は行なわれていなかった。この段階で、社会経済調査報告の結果が吟味され、上流部が被影響地と認められていれば、その後の展開は変化したかもしれない。

　旧輸銀は、定められた手続きに従い、NPCから環境影響調査報告書等の情報提出を受けて書類審査および現地実査も行なった。この間、ダルピリップ村を中心とする地域では数千人が参加した反対署名や大規模なデモ等の運動が行なわれていたが、NPC以外から情報を受けていない輸銀は、反対運動についてはよく認識していなかった。

旧輸銀の融資検討が明らかになった98年4月以降、現地・日本のNGOは数度にわたって要望書を提出、また会合において上流部住民の懸念を伝えて融資中止を求めた。NGOからの情報提供の結果、輸銀は上流部先住民族の反対について認識を深めたようである。しかしNPCの提出した資料を確認した結果、上流部流域に深刻な土砂堆積が生じるとは考えられず、したがって上流部住民の反対は事業を進める上で深刻な障害にはならないとのNPCの見解を支持し、98年10月には発電部門への融資契約を締結した。輸銀と現地反対派との直接的接触はここまで行なわれなかった。

(2) **融資決定後の問題認識とその対応**

　融資決定の知らせに、NGOは重ねて上流部住民の合意がないこと、上流部での調査不足を指摘し、独自に入手した上記の現地人類学者による調査報告書を旧輸銀に提出した。報告書の内容を知った旧輸銀はここで初めて上流部への環境リスクを重く受け止め、再調査を指示した。その結果、ベンゲット州側で移転対象となるのは、それまで確認されていた3世帯だけでなく61世帯に上ること、また流域での砂金採取を生計手段の一部とする人々が多くいることが判明した。土砂堆積に関する上流部住民の主張が受け容れられたわけではないが、ダム湖に近接する地域の調査がまったく不十分であったことが明らかになったのである。このため、旧輸銀はすでに決定していた発電部門への融資実行を凍結し、NPCに対する追加融資の承認を延期する措置をとった。

　この計画に根本的な問題があると考えていた反対派の住民・NGOは、融資一時停止措置を好機として事業者に十分な協議を求め、計画の見直しを迫った。一方、事業者と輸銀は、新たに移住対象となった61世帯の同意を取り付け、新たに判明した諸問題への対応策を「アクション・プラン」に反映させることで、この事態に対処しようとした。99年9月、JBICは移住世帯の合意、十分な内容の対応策が整ったとして、3億ドルの融資再開と追加の4億ドルの融資を承認した。しかしこの時点でアクション・プランの内容は住民に公開されておらず、住民は彼らの懸念に対する説明と協議がなされるまで融資決定の保留を求めているところだっ

た。また同じ頃から、石材採取による環境破壊の深刻化が大きな問題となりはじめ、下流部の自治体は輸銀にも苦情を訴えていたが、融資再開判断には大きな影響を与えなかったようである[23]。融資再開後すぐに環境資源省による違法工事の停止命令が出されたが、これが大統領府により覆されたのは既述のとおりである。

融資再開後の輸銀は、上流部住民との対話やNGOとの情報交換にも積極的に臨み、年2回は現地ミッションを派遣するなど、事業者へのモニタリングを強化するようになった。それでも先に述べたように、地元住民や自治体には事業者が取り決めを遵守していないとの不満が強まっており、議会の支持撤回や法による救済を求める動きが出てきている。

4. 結論

旧・日本輸出入銀行の事前の環境審査は、事業者であるフィリピン電力公社（NPC）の調査報告にほぼ全面的に頼っていた。しかしNPCの調査自体に大きな問題があったことは明らかである。上流部の影響調査はおざなりでしかなく、しかも調査報告を故意に隠蔽した形跡すらある。これは上流部だけの話ではない。当初309世帯とされたプロジェクトによる立ち退き世帯数は、着工後1年以上経った1999年3月には、倍以上の741世帯へと増加したのである。この一大国家プロジェクトを何としても遂行したいNPCが、プロジェクトの環境影響を故意に小さく見せようとしていたことがわかる。

影響を過小評価して、とにかく計画をスタートさせるためのハードルを低くしようとしたことのつけは、計画が進むにつれてさまざまな問題を噴出させていった。最初から強い懸念を表明していた上流部住民・自治体を意思決定から排除したことが合意形成のチャンスを失わせ、下流部でも十分な説明を欠いたまま大規模な石材採取や住民移転を進めたことで、地元住民・自治体の信頼を決定的に失った。こうした失敗が、今や計画の法的正当性まで危うくしている。旧輸銀が受け取った環境情報は、もともと事業推進の強い意向のもとで作成されていたのである。

------ 第5章　土地喪失を懸念する先住民族 ------

　旧輪銀は、NPCから受け取った環境情報を、旧環境チェックリストで定められたとおりの手続きを踏んで審査したようである。しかし事業者による調査の決定的な問題点を見抜くことができず、NGOに対しても彼らの見解をほぼそのまま繰り返した。結果的に、事業者の情報に頼り、外部との情報交流を閉ざすことの危険性は、このケースで明白になったのではないか。NGOによる問題指摘がはじめの頃まったく重みを持って受け止められなかったのは、互いに信頼関係がなく、そのルートも手続きも整備されていなかったせいもあるが、それだけではない。外部情報を環境リスクの判断に生かすための行動原則が欠けていたのである。

　旧輪銀にとって、プロジェクトに関する法律違反があってはならないということだけはきわめて明確な基準であるため、法律面でのクリアランスには非常に注意を払っている。しかし住民にとって法に訴えることは最後の手段であって、実際に輪銀に求められているのは、その前に事業者に適切な措置をとらせることなのである。たとえば下流域の採石問題が示すように、国家プロジェクトという名分の前に環境法が遵守されないのがフィリピンの現実なのであり、この場合、輪銀が現地の法的クリアランスだけを基準とすることはただ現状の追認に終わる。予防原則に立った独自の環境リスク認識の努力が行なわれなかったことは重大な誤りであった。

　下流部の移転問題をとると、旧輪銀は、適切な石材を得るための採掘地予測は困難であり、最終的に移住者が増加することは避けられないという事業者の言い分をほぼそのまま認めている。しかし移住という重大なリスクの認定においては、むしろ最初はなるべく大きめに影響を見積って下方修正するのが適当である。事業者による最小限の移住予測を輪銀が認定したことは、事実上、事業者を大いに利するものであった。

　上流部の問題についても同様のことが言える。たとえ上流部への影響なしとする事業者報告が妥当であったとしても、少なくともあれだけ強力な反対運動の論拠を独自に検討するくらいの判断はあってしかるべきだった。しかも、これまでの数々の事例から言って、NPCに適切な環境調査や環境管理の能力がないことは十分に予想できたはずである。土砂

堆積については現時点でも住民と事業者との認識はかけ離れたままである。しかしイバロイ民族は事業者よりも長いスパンでの影響を問題視しており、仮に彼らの懸念が的中したとしてもその時には被害を回復する方法はない。予防原則に立ったリスク認識の観点からは、初めから土砂堆積を防ぐための環境管理の必要性を認めた上、住民との合意をはかって計画に反映すべきだった。

　上流部の調査不足が明らかになった時点での輸銀の再調査指示、融資中断は評価できる対応である。しかしその対応策は、明らかになった問題についてのみ修正をほどこしてプロジェクト再開の条件を整えるという以上のものではない。こじれてしまった上流部住民との合意をはかり、お粗末な事前準備を全体的に見なおす機会にはならなかった。事業者側のミスの露呈、融資中断というダメージをなるべく最小限に抑えようとしたために、融資再開直後に問題となる下流部の採石活動に関する自治体の訴えを、この段階で真剣に検討できなかったのではないか。

　プロジェクトが開始された後になって重大な問題が明らかになった場合、どのような方向で対応策を検討するかについても、やはり輸銀独自の明確な環境配慮の原則に沿った判断が不可欠であろう。そして発見された問題を利害関係者の合意できる枠組みで再検討し、計画全体に反映させていく仕組みが必要である。この意味で輸銀が大きなコストをかけて行なっているモニタリングの有効性はあまり評価できない。NPCの報告や現地状況の視察を判断する明確な規準が必要である。予防原則にたってなるべく広い視野で環境リスクを把握すること、事業者以外の利害関係者との合意を必要不可欠とする視点、このような独自の明確な環境配慮の原則を立てたうえ、その確実な実現を事業において可能にするような情報交流の仕組みや遵守確保の仕組みを作っていくことが必要である。

注：
1　サンロケダムプロジェクトの概要と一般的な情報は、参考文献CPA,1999

およびサンロケパワー社http://www.sanroquedam.ph/index.htmlを参照。
2. International Water Power & Dam Construction, Flying the flag for hydro, March 1999
3. Wayne C. White, Ph.D., A review of the Power Purchase Agreement between the Republic of the Philippines National Power Corporation and a consortium constituting the San Roque Power Corporation concerning the construction and operation of the San Roque Multipurpose Project, May 2000
4. 2000年5月にフィリピン上院本会議はサンロケダムがフィリピン国ではなく外国企業の利益に利するものだとして電力購買契約の調査を求める決議を採択した。
5. 1984年、86年の国会審議（国会会議録検索http://kokkai.ndl.go.jp/）では、このプロジェクトへの援助をめぐり、当時の中曽根首相とマルコス大統領との間の汚職疑惑を取り上げている。
6. サンロケパワー社は当初、丸紅、その系列米企業のサイス・エナジー社、タイのイタルタイ社が出資してつくられたが、その後イタルタイ社が撤退し、代わりに関西電力が参入した。現在までの最終的な出資比率は丸紅が42.45％、サイス社が50.05％、関西電力が7.5％となっている。
7. 1999年5月11日付　現地住民組織サンタナイ先住民族運動およびCPAから日本輸出入銀行および日本政府、市民への手紙
8. Robert E. Moran, Ph. D. A Review of Water Quality Aspects of the San Roque Multipurpose Project, および Sergio A.Feld, Ph. D., Review of EIA Documents for San Roque Multipurpose Project, Actobor 1999
9. DENR、NPC、イトゴン市およびサンロケパワー社, Lower Agno Integrated Watershed Management Plan, March 2000
10. National Power Corporation, Resettlement Action Plan Update 1999 San Roque Multi-purpose Project, April 1999
11. 2000年5月7日付　バギオ・ミッドランド通信
12. 環境影響評価が1997年に改訂された際、この地域での採石活動が及ぼす環境影響についての調査は行なわれておらず、したがって、環境保証書も発行されていない。
13. 1999年6月11日付　サンマニュエル市から日本輸出入銀行への手紙
14. 1999年8月31日付　Mines and Geosciences Bureauのメモランダム
15. 2000年1月17日付　大統領によるExecutive Order第200号

16　2001年7月8日付　インクワイラー紙
17　Municipality of Itogon, Detailed Listing of Actions Required to Address Itogon Concerns of the San Roque Multi-Purpose Project, October 1998
18　1999年1月21日付　イトゴン市議会1999年度決議第16号
19　2000年9月13日付　イトゴン市議会2000年度決議第182号、および2000年10月16日付　サンニコラス市議会2000年度決議第87号
20　2000年10月　サンマニュエル市議会による声明文
21　1998年4月22日付　日本経済新聞夕刊
22　Rowena Reyes-Boquiren, Ph. D.,Itogon Socio-Cultural Study: Implications of the San Roque Multipurpose Project, May 1996
23　1999年6月11日付　サンマニュエル市から日本輸出入銀行への手紙

参考文献：
・Cordillera Peoples Alliance (CPA), *Let the Agno River Flow/Defend the Land Save the People*, 1999
・Rowena Reyes-Boquiren, Ph.D., *Itogon Socio-Cultural Study: Implications of the San Roque Multipurpose Project*, May 1996
・栗田英幸、「フィリピン巨大ダム建設と日本」、『技術と人間』1999年6月号
・臼井寛二、平成11年度修士論文「発展途上地域の環境アセスメント制度における社会配慮に関する研究—フィリピンにおけるサンロケ多目的ダム開発を事例として—」、2000年

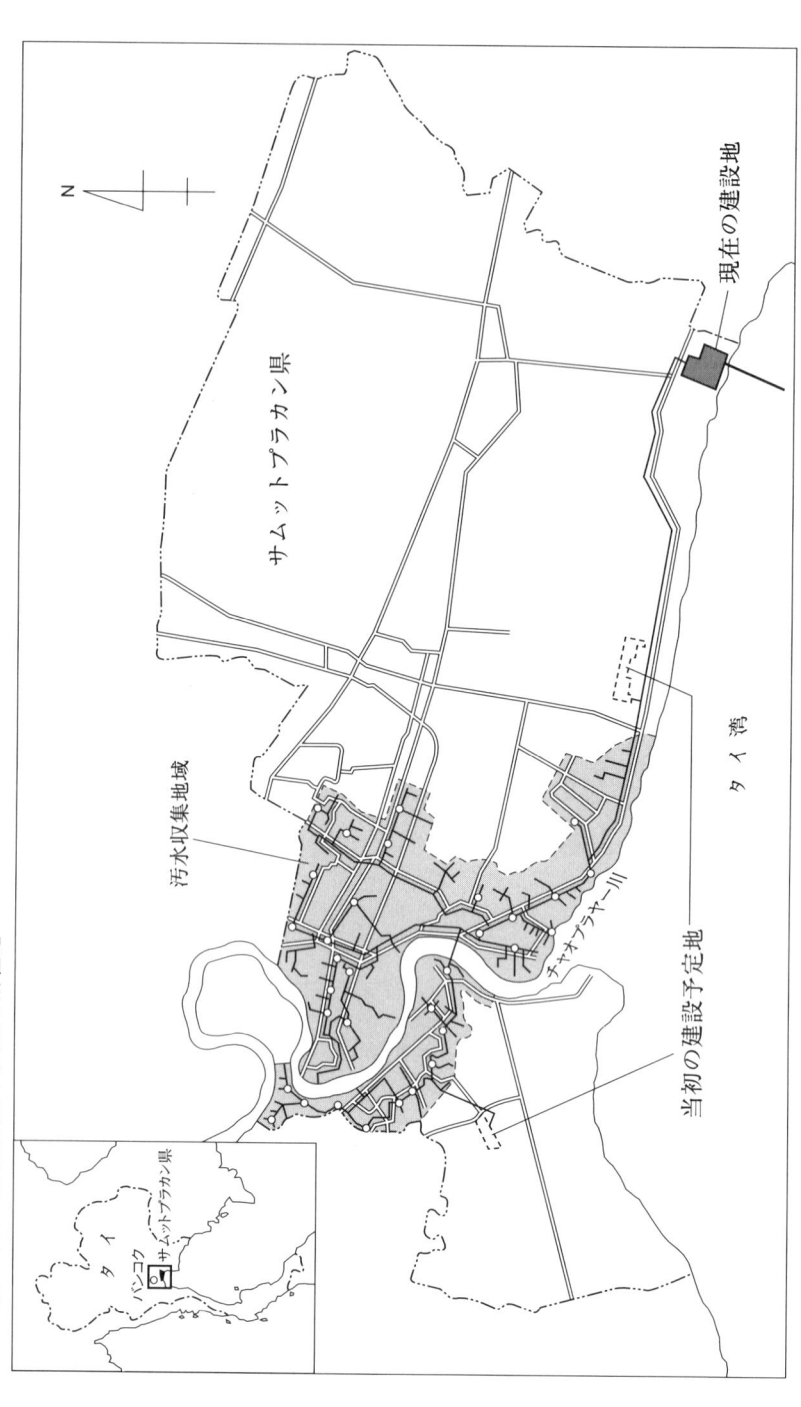

サムットプラカン汚水処理プロジェクト所在地

第6章
環境改善プロジェクトが脅かす漁村の暮らし
タイ・サムット・プラカン汚水処理プロジェクト

福田健治

―― 第6章　環境改善プロジェクトが脅かす漁村の暮らし ――

1. 本章の目的

　クロンダン村は、タイの中央平原を流れるチャオプラヤ川の河口から東に20kmほど行ったところにある、にぎやかな漁村である。14の集落、3万人ほどの人口からなるこのクロンダン村は、古くから沿岸漁業と養殖業によって栄えてきた。貝の養殖で有名であり、生産されたイガイは全国に出荷されているほか、魚・エビの養殖、沿岸漁業、そして各種水産加工業など、クロンダン村に住む人々は海の恵みによって何世代も生きてきた。人口の60%～70%が水産関連業に携わっているという。その自然環境の豊かさは、タイ中を襲った1997年の経済危機の時でさえ、村人たちは大きな影響を受けなかったことからも分かる。

　今、海とともに暮らしてきた人々の生活が脅かされようとしている。この地域に建設が進められている汚水処理施設が、周囲の環境、特に海の生態系を大きく変えてしまうのではないかと懸念されているのだ。汚水処理は公害や汚染を防止するために必要な施設である。しかし、このプロジェクトは生活排水と工場排水を同時に処理するという、現在の日本では考えられない処理方法を採用している。さらに土地転がしと汚職の結果、プロジェクトの建設地は工業地帯から漁業中心のクロンダン村に変更されてしまった。

　もしこの東南アジア最大級と言われている施設が操業を始めれば、大量の淡水が海域に流れ込み、汽水域を利用した貝の養殖が大きなダメージを受けるのではないかと村人たちは恐れている。自然とともに歩む生活を淡々と続けてきた人々にとって、この施設の建設は生活の大きな変化――それも悪い方向に――となる可能性がある。

　本章では、日本の政府開発援助（ODA）やアジア開発銀行（以下ADB）からの融資によって建設が進んでいるサムット・プラカン汚水処理プロジェクトの概要と問題点を指摘し、円借款の実施機関である国際協力銀行（以下JBIC）の環境ガイドラインのあり方を議論することで、日本の海外への経済協力が現地で環境破壊を起こさないようにするための方策を

検討する。

2. プロジェクトの概要

　サムット・プラカン県は、バンコクの南に隣接し、チャオプラヤ川河口に位置する。首都バンコクに近く水運もよいという地の利から、古くから工業地帯として発達し、農産物加工や繊維業などさまざまな工場が5000社以上立地している。汚水処理設備を持つ工場もあるが、多くは排水をそのまま水路へと垂れ流しにしている。さらに、1980年代以降バンコク首都圏の拡大から住宅地としても開発されてきた。工場や家庭からの排水は未処理のまま河川や運河を流れ、この地域の水質環境は著しく悪化してきた。有害な汚水が住居地と隣接した運河や河川を流れ、健康への被害も指摘されている[1]。

　このため、サムット・プラカン県は1993年「公害防止地帯」に指定され、タイ政府はADBからの技術支援などを利用しながら、この地域の公害防止策を検討してきた。

　サムット・プラカン汚水処理プロジェクトは、同県の水質環境の向上を目的として、タイ政府によって行なわれているプロジェクトである。プロジェクトでは、300km以上のパイプ敷設による汚水収集システムと1日あたり52万5000立方メートルの処理能力を持つ汚水処理施設が建設される[2]。実施機関はタイ国科学技術環境省公害管理局（Pollution Control Department,以下PCD）であり、建設終了後はサムット・プラカン県が実際の運用を担当する。

　本プロジェクトは当初予算で136億バーツ（2001年12月現在、1バーツ＝約2.9円）、現在の予算では229億5000万バーツという巨額の資金を必要としており、新聞では更なる予算超過も報じられている[3]。タイ政府はADBと日本政府に支援を求めた。後述するように本プロジェクトの準備段階から支援してきたADBは、1995年にプロジェクトに対して1億5000万ドルの融資を承認[3]、その後タイ政府がプロジェクトの予算アップを決定したのにともない、1998年にはさらに8000万ドルの追加融資を決めている[4]。

ADBは1995年の年次報告書で、このプロジェクトを環境プロジェクトの代表事例として挙げている[5]。

一方、日本政府からの資金は「ツーステップローン」という形態で供与された。これは、ODAの資金が途上国の政策金融制度を通じて最終的な受益者に渡る仕組みとなっており、JBICから仲介者である金融機関・基金、仲介者から最終的な事業者へと二段階で資金が提供されることからツーステップローンと呼ばれている。本プロジェクトの場合、1992年に科学技術環境省が管理する環境保全基金[6]への112億円の円借款が決まり、その後基金からサムット・プラカン汚水処理プロジェクトに資金が供与された。

1992年のタイ環境保全基金への融資は、1992年の国連環境開発会議での公約である「5年間で1兆円の環境ODAの供与」の目玉として位置付けられている。日本政府は、環境保全基金から地方公共団体や民間企業による中小規模の公害防止策への融資が行なわれることを予定していた[7]。しかしながら、環境保全基金からの融資を受けてまで公害防止のために投資をしようとする地方公共団体はあまり現われなかった[8]。この結果、タイの中央政府が計画していたサムット・プラカン汚水処理プロジェクトに対して70億円という当初予定していなかった大規模な融資が行なわれることとなった[9]。融資契約上円借款を原資とした環境保全基金からの一定額を超える融資に関しては旧基金のサブプロジェクト承認が必要とされており、旧海外経済協力基金（以下、旧基金）は1995年9月の現地ミッションを含む審査を行ない[10]、プロジェクトを1996年2月23日に承認した。

プロジェクトの総予算のうち約34%がADBによる融資、7%がJBICによる融資であり、その他の部分はタイ政府の自己資金によってまかなわれている[11]。

プロジェクトは当初2001年に完成する予定だったが、入札プロセスでの設計変更や住民の反対などから遅れており、現在は2002年中の操業開始を目指して建設が進められている。2001年12月現在の建設進捗状況は73%である[12]。

3. 経過

——プロジェクトの承認まで——

サムット・プラカン県の水質汚染は、早い時期から問題とされており、タイ政府は1986年、1992年と2回に渡ってADBの技術支援を受け、サムット・プラカン県の工業汚染防止策を検討してきた[13]。1993年にはサムット・プラカン県を「公害防止地帯」に認定し、PCDが優先的に地域の環境改善策に取り組むことを可能にしている。同年、ADBは「サムット・プラカン汚水処理・公害規制」として日本特別基金から60万ドルの技術支援を供与した。イギリスのコンサルタント会社であるモントゴメリー・ワトソン・アジア社とタイのシーテック・タイランド社が共同でこの技術支援を受注し、実施可能性調査(フィジビリティ・スタディ、以下F/S)とプロジェクトの基本計画策定を実施した。F/Sは1995年4月に完成、タイ政府に提出された。

建設が進む汚水処理施設。水質悪化や漁業への被害など、様々な環境・社会影響が懸念されている。

このF/Sは、サムット・プラカン県の汚水処理について、13の処理方法を検討し、技術面・経済面・環境面から比較した結果、チャオプラヤ川の両岸に2つの集中型処理施設を建設するのが最も望ましいと提案している。

タイ政府は、F/Sで提案されたチャオプラヤ川両岸での汚水処理施設の建設を中心とするサムット・プラカン汚水処理プロジェクトを1995年10月に閣議決定し、136億1200万バーツの予算を承認した。12月にはADBがプロジェクトに対して1億5000万ドルの融資を決定した。

——入札プロセス[14]——

プロジェクトの建設業者との契約は、ターンキー方式[15]と呼ばれる契約方式によって行なわれた。ターンキー契約とは、受注した企業がプロジェクトの詳細設計から土地の取得、建設、初期の運用にまで責任を持つ契約形態を言い、今回のケースだと3年間の運用の後サムット・プラカン県に引き渡される。ADBによれば、この方式が採用された理由は、「プロジェクトはかなりの土地（汚水処理施設だけで330ha）を必要とし、土地の取得は困難であることが想定され、プロジェクトの遅れにつながる可能性がある」[16]ためであり、当初はチャオプラヤ川の東岸と西岸それぞれの施設建設について別の業者のターンキー契約を行なうことが想定された。

本体工事の入札の過程で、関心を表明した企業グループとの議論から、PCDは両岸における2つの施設建設を東岸の1つの施設にまとめることを検討し始めた。これは、西岸の土地取得が地価高騰のため困難であること、西岸での建設の際はかなり長い排出パイプが必要となることが公式な理由として説明されている。この結果、1997年1月に入札が終了し、入札業者が提示した東岸での単一の施設建設が採用されることとなった。

1997年8月、PCDは落札業者であるジョイントベンチャーNVPSKG社[17]とターンキー契約を締結した。こうして汚水処理施設の建設地は、1995年の閣議決定で説明されたチャオプラヤ川両岸から、さらに東に20kmも離れたクロンダン村へと移されたのである。

――住民からの反対とADB/JBICの反応――

　1998年2月に、当初の予定地である東岸のバン・プーからさらに東へ20kmのサムット・プラカン県クロンダン村の土地1903ライ[18]を購入したNVPSKG社は、同日建設を開始した。しかし、建設開始後、PCDとADBは地域住民からの強い反対の声に直面することとなった。

　建設開始後の1998年後半にプロジェクトの存在を始めて知った村人は、プロジェクトによって悪影響を受ける可能性を危惧し、行動を開始した。まず1998年12月、村人は科学技術環境省のスビット・クンキッティ大臣（当時）にプロジェクトの情報を求める手紙を提出した。これに応える形でPCDはクロンダンにスタッフを派遣し、クロンダン村行政事務所でミーティングを開催した。悪臭、固形廃棄物の管理、健康への被害などの問題をあげた住民に対して、PCDは「プロジェクトはまだ検討中であり、建設は準備中である」と回答した。1999年3月には、クロンダン村および隣接するソンクロン村の2000人近い住民がバスを仕立ててバンコクに赴き、首相への請願を提出するべくバンコクをデモ行進した。請願の中で住民は、いったんプロジェクトを中止し、環境調査を行なうこと、公聴会を開くこと、汚職の疑いについて調査するために国家汚職防止委員会を招集することを求めた[19]。この間2回の技術ヒアリングが行なわれたものの、住民の参加は極めて不十分であり、住民の求めている公聴会はいまだ開かれていない。

　2000年5月、チェンマイで行なわれたADBの年次総会と同時並行で行なわれたNGOによる「People's Forum 2000」には200人を超える住民が参加し、プロジェクトへの融資中止を求めてADB総裁との会見を要求した。総裁は姿をあらわさなかったものの、オーストラリア理事やアメリカ理事などが住民と会合を行ない、3人は住民の懸念に対して調査を行なうことを約束した。さらに住民はさまざまな住民組織とともにデモ行進に参加し、ADBは最終的に、①5月15日までに担当するスタッフを決める、②文書による返答と詳細な情報を5月30日までに提供する、③6月中に影響住民の代表と会合を持つ、の3点を住民に約束した。

これを受けて行なわれた2000年6月19日から28日のADB調査団は、政府関係者からの聞き取りを行なったほか、クロンダン村も訪問し、住民との対話を行なっている[20]。7月にADBは調査団の内容をまとめた「援助覚書」を発表し、住民参加が不十分であったことは認めたものの、その他の住民の主張はすべて退けている。

　住民はこうしたADBの対応を不服として、ADBの審査政策に基づき独立審査パネルによるADBの政策・手続き違反についての調査を求めて提訴した。ADB理事会はこの提訴を認め、2001年7月に独立審査パネルによる調査開始を承認した。2001年12月現在、この調査は進行中である。

　一方JBICも、日本のNGOや研究者などの働きかけにより、独自にクロンダンの住民との会合を行ない、タイ政府に対して住民の懸念を伝えるなどした。

　住民は詳細な環境アセスメントと公聴会が行なわれるまでプロジェクトへの融資を停止するべきだと主張しているが、現在のところADBとJBICはこれを拒否している。

4．プロジェクトの問題点

――環境と住民の生活への悪影響――

　タイ政府やADB・JBICはこのプロジェクトを「環境プロジェクト」と位置付け、地域の環境改善に役立つと主張している一方、地元住民は「環境破壊プロジェクト」だとして強く反対している。

　まず地域環境への影響である。この処理施設は、チャオプラヤ川両岸から集められた工業排水を含む汚水を、1日あたり52万5000立方メートル処理することになっている。標準的な汚水処理システムでは、工場からの排水は工場内で一次処理が行なわれた後、通常の排水と同様の処理が行なわれる。したがって、この施設も工場からの排出が予想される重金属などを処理する設計にはなっていない。しかし、タイの工業排水処理の現状を考えたとき、工場内で一次処理が行なわれるという前提は非現実的である[21]。実際JBICも、「重金属などが各工場で取り除かれるという

ことは考えにくく、処理場に流れ込むであろう」としている[22]。

これについて事業者であるPCDは、処理場内での前処理において、重金属の大部分が沈殿するものと考えている。しかし専門家によれば、さまざまな重金属や有害物質が混在した状態で施設に流れ込む可能性があり、これを凝集剤や沈殿だけで処理することは困難である[23]。また、前提となる排水の汚染レベルについての十分な調査も行なわれていない。

さらに、汽水域を利用して貝を養殖している漁民たちは、大量の排水によって貝の養殖ができなくなるのではないかと懸念している。1日あたり50万立方メートルを超える大量の淡水の排出で、海域の塩分濃度そして生態系が変化し、水産資源に頼る住民の生活にまで影響するのではないかと言われている。こうした漁業への影響の規模や、どのような補償が行なわれるのかは、現段階では明らかにされていない。現地住民の1人は、「このADBのプロジェクトのせいで私たちの環境と自給的な生活が破壊され、貧困が増加してしまうだろう」[24]とバンコク・ポスト紙に語っている。

プロジェクトの建設場所についても強い疑問が出されている。現在建設が進んでいる土地は、洪水にさらされやすく、浸食が急速に進んでおり、また大規模施設を建設するには地盤がやわらかすぎるというのだ。

その他にも、処理槽からの悪臭、処理後の沈殿物の取り扱いなど、プロジェクトの環境面に対して多くの疑問が提出されている。PCDやADBは、その一部に応えようと努力してはいるが、地域住民の不安は一向に解消していない。その原因の1つは、クロンダンでの建設に際し、環境アセスメントが行なわれなかったことにある。

——環境アセスメントの不在——

タイでは憲法[25]や国家環境保全法によってEIAの実施が義務付けられているにもかかわらず、クロンダン村ではプロジェクトの環境影響評価は行なわれていない。

1994年から1995年にかけてADBの技術支援を受けて行なわれたF/Sは、13の汚水処理システムについて検討した。最も高く評価された案は集中

型の処理施設建設であり、この案ではチャオプラヤ川の西岸に1日あたり12万5000立方メートル、東岸に40万立方メートルの処理能力を持つ施設を建設するものとされていた[26]。

F/Sは環境面についても検討を行なっている。13の処理方法案に対して初期環境調査（Initial Environmental Examination, 以下IEE）を実施し、この中では結論として、「すべての案において、環境面から却下しなければならないほど深刻な環境影響は考えられない」ものの、「選択された案について、より詳細な環境影響評価（Environmental Impact Assessment, 以下EIA）を実施することを勧告する」としていた。F/Sはさらに、この勧告に基づき、推奨された両岸への施設建設について予備EIA（preliminary EIA）を行なった。以上の調査に基づき、1995年10月の閣議決定では、建設地として西岸のバン・プラコッドと東岸のバン・プーが挙げられていた。

以上が、当初のプロジェクトサイトにおける環境アセスメントの実施状況である。ところが前述した通り、入札のプロセスで施設建設はバン・プーから東へ20kmのクロンダン村に変更となった。漁村であり豊かなマングローブ林を有するクロンダン村での環境アセスメントは行なわれたのだろうか。

ADBはクロンダンでの環境アセスメントについて、①入札の過程で「環境配慮」というタイトルの予備EIAが提出された、②詳細な環境アセスメントが進行中である、との2点から、クロンダンについても十分な環境配慮が行なわれたと主張している[27]。しかしながら前者の「環境配慮」は公開されておらず、どのような検討がされているか全く不明である[28]。後者の現在進行中とされていた環境アセスメントは、環境管理計画（Environmental Management Plan, 以下EMP）という名前で作成され[29]、2001年半ばに公表された。こちらも作成途上での住民への公開はされず、住民が招待されたワークショップが1回開催されただけだった[30]。この間、プロジェクトの建設は着々と進んでいたのである。

このように、本プロジェクトにおいては、プロジェクトが承認された後に建設地が変更され、建設が進行している中、環境アセスメントが行

なわれている。このやり方では環境影響について十分に配慮した意思決定を行なうことができない。現在の建設地であるクロンダンについては事前に行なわれたIEEではカバーされていなかった。チャオプラヤ川河口付近の汚染が激しい水域とはまったく異なる状況にあるクロンダンにおいて処理施設がどのような影響を及ぼすのかを調査するために、新たなEIAが必要である。したがって、建設地変更が決定した段階で、環境アセスメントを実施し、建設が適切かどうかを判断するべきであった。建設を継続したまま環境アセスメントを行なっても、環境への影響が起こってしまえば取り返しがつかない。また、環境影響を含む総合的な判断に基づいた建設の可否の判断のためでなく、建設続行を支持するための調査になる危険性が高い。

　JBICはプロジェクトにおける環境面での影響を審査するためのガイドラインを有している。この「環境アセスメントなし」のプロジェクトは、JBICのガイドラインに照らしてどのように考えるべきであろうか。

　このプロジェクトが承認された当時適用されたのは『環境配慮のためのOECFガイドライン＜初版＞』[31]（以下ガイドライン）であった。ガイドラインは、旧基金の環境審査を「借入人側が行なう環境上の所要の措置等の確認」とし、「環境面からチェックすべき項目及びそれらについての解説」をまとめている。一般的な環境配慮の判断基準のほか、セクターごとのチェック項目を定めており、下水道については「処理場周辺への悪臭」、「放流水による水質悪化」、「施設設置による生態系への影響」等について配慮する必要を定めている。ガイドラインではスクリーニングやEIAの実施等については特に定めず、基本的に借入れ国の制度に則って行なわれた環境配慮策を旧基金が審査するだけである[32]。旧基金はガイドラインに沿って現地調査団を派遣するなど一連の審査を行ない、十分な環境配慮策が講じられれば大きな環境影響は生じないとしてプロジェクトを承認した[33]。

　問題は、その後プロジェクトの建設地が変更されたにもかかわらず旧基金が必要な措置を取らなかったことだ。旧基金がプロジェクトを承認した際の「両岸への施設建設」という前提は崩れた。新たに建設地とな

ったクロンダンでは環境アセスメントが行なわれていなかっただけでなくIEEにも含まれていなかった。それにもかかわらず、旧基金は環境アセスメントの実施を求めることもなく、現在まで融資を継続している。

　プロジェクト建設地変更に伴って、環境アセスメントはやり直される必要があった。旧基金には、プロジェクトへの資金提供者として、事業者が適切な環境配慮を取るよう求める責務がある。旧基金は建設地変更について事前に連絡を受けており、この段階で再度サイトを訪問し、新サイトについて環境アセスメントを行なうよう事業者に働きかけるべきであった。事業者がこれに従わない場合、プロジェクトへの融資の一時停止も検討されるべきである。JBICは、プロジェクトの融資者としての環境配慮への責任を果たすことに失敗したと言える。

　その後のJBICの対応も、住民やNGOからの訴えについて理解は示すものの、事業者に伝達し対応を促すにとどまっている。融資を一時停止するよう求める住民に対しても、「融資の実行を止めることは、実際に大きな環境への悪影響が出るか、タイ国内法の明らかな違反がない限り不可能である」としている[34]。地域住民からの指摘に十分に対処しないまま建設が進められている現在、JBICは融資者として、より明確な責任ある対応を求められよう。

——不十分な住民参加——

　タイでは、大規模プロジェクトにおける公聴会の開催が義務付けられている[35]。それにもかかわらず、プロジェクトの公聴会は行なわれていないばかりか、住民は建設開始までプロジェクトについて何も知らされていなかった。クロンダン村の住民が施設建設の事実を知ったのは、建設がすでに始まっていた1998年後半のことであった[36]。プロジェクトの存在を知った住民は、科学技術環境大臣への手紙や首相への請願、バンコクでのデモなどの抗議活動を行なった。

　公聴会が開かれないままプロジェクトが進む一方で、プロジェクトの設計を見直すため、合計3回の技術上の問題を検討する会合が行なわれた。こうした会合には、PCD以外の利害関係者は出席できなかった。ADBは、

3回目の会合にはクロンダン・コミュニティの代表を含むすべての利害関係者が参加したとしている[37]。ところがこれは、会合の存在を知った住民が自ら会場へと出向いた結果に過ぎない[38]。また、会合の結果も公開されなかった。

また、何人かの住民が、同様の設計で建設されたオーストラリアの汚水処理施設の見学ツアーに参加した。ADBはこの見学で、「住民のプロジェクトへの理解が深まった」としている[39]。ところが、見学に参加したクロンダン村長によれば、オーストラリアの施設は生活排水処理が目的とされ、また広大な敷地の中に建設されており、クロンダンでの計画と比較対照可能なものではなかったという[40]。

当初、ADBは以上の事実をもって住民参加と称していた。2000年6月13日の住民宛ての手紙で、ADBは「十分な協議が行なわれた」と述べた[41]。しかしながら、ADB調査団による「援助覚書」では「クロンダンに関しては、コミュニティの社会的準備が不十分であったことは認識している」とし、両者に更なる「建設的対話」を促している[42]。

ADBやJBICの「対話の勧め」にもかかわらず、タイ政府による努力は極めて不十分である。タイ政府は2000年4月の段階で計画されていた公聴会を[43]、ADB総会での激しい抗議を受けて撤回し、「紛争解決委員会」を設置して、プロジェクト建設を前提とした環境影響緩和策を検討しているという[44]。この場には住民は参加していない。また実質的に初の環境アセスメントであるEMP作成の過程で行なわれた会合も、ごく限られた住民が招かれただけであり、事前に情報も公開されず、さまざまな懸念が表明されたにもかかわらず1回限りで終わってしまった。

建設がすでに70％以上進み、今なお建設が行なわれている中で実施される「対話」が住民参加の名前に値するだろうか。住民は、建設を一時停止し、プロジェクトの利益と問題点についてオープンな場で協議するよう主張しつづけているが、これは未だ実現していない。

——汚職の疑いと予算の増加——

ここで疑問なのは、なぜ建設地が当初予定されていたバンプラコッ

ド・バンプーからクロンダンへと変更されたかである。この疑問に対してADBは、プロジェクトの建設地は当初からターンキー契約を結んだ業者が選定することとなっており、建設地の「変更」はなかったと主張している[45]。

しかし、政府側の建て前の裏に、汚職があるのではないかと住民たちは疑っている。住民グループは、2000年9月8日に国家汚職防止委員会に対して調査を求める申込書を提出している。この要請文では次の問題が指摘されている[46]。

(1)・PCDはターンキー契約を業者に有利なように誘導し、100億8800万バーツの予算増加を招いた。
(2)・PCDや他の政府関係者は土地購入を操作し、実際の土地の価格より10億6500万バーツ多く支出した。
(3)・実際に取得した土地は1903ライより数百ライ少ない。

この1903ライの土地は、タイの経済ブームの中で転売を重ねられた。その後タイは経済危機に直面し、ゴルフ場やリゾート建設を狙ってこの区画を購入した不動産業者が土地を持て余し、汚水処理施設を誘致したのではないかと言われている。これらの不動産業者は、一部の政治家と親しい関係にあるという。この土地の購入価格は1ライあたり103万バーツであり、これはサムット・プラカン県土地事務所の公示による地価である1ライあたり48万バーツの倍以上である。住民は、この購入価格が、クロンダン村内の他の土地と比較しても、明らかに高価すぎることを指摘している[47]。さらに、建設地変更によってより多くのパイプ敷設が必要とされ、これもプロジェクトのコスト増加を招いたと批判されている[48]。

5. JBIC環境ガイドラインへの提言

サムット・プラカン汚水処理プロジェクトが、十分な環境への配慮や住民参加なしに建設が開始され、住民の強い反対を招いていることは、融資者であるJBICによる環境配慮が十分でなかったことを示している。

このような失敗を繰り返さないためには何が必要だろうか。少なくと

も以下の点は、新しい環境ガイドラインに盛り込まれるべきであると考えられる。

　——環境配慮における事業者の責任とJBICの権限を明確化すること——

　EIAの不在、汚職の疑いなど、多くの問題を引き起こした原因の一つが、ターンキー契約という事業者と建設業者の間の契約方法にあった。地価高騰を理由として、土地の選定・取得も建設事業者の責任とされた結果、プロジェクト決定時には建設地が未決定であるという事態が発生した。どこに建設するか分からない施設の環境影響を調べようもないという理由で、事前の環境アセスメントは極めて簡略なものであった。この結果、実際に建設地として選ばれたクロンダン村での環境影響調査は建設開始後2年間行なわれず、また地域住民に対する説明もなされなかった。

　このプロセスの中で、旧基金がプロジェクトに対し「待った」をかけることができたのは、建設地がクロンダン村へ変更されたタイミングであろう。この段階で、旧基金が現地に赴き建設地の現状を把握していれば、サイト周辺が漁業に依存する地域であり、工業地帯に建設するという事業の前提が崩れ、新たな調査が必要とされていることを認識できたはずである。ところが旧基金は深く検討することなく建設地変更を承認してしまった。

　ツーステップローンという融資方法上、旧基金の融資決定時にはサブプロジェクトの詳細は未決定であった。しかしながら、サブプロジェクトの決定に際して事業者がどのような環境配慮を行なわなければならないかは明確にされていない。事業決定時や変更時に事業者が行なわなければならない環境上の要件を、契約上明確化し、十分な環境配慮が行なわれていないとJBICが判断した場合に取れる措置について事前に合意しておくことが必要だろう。

　また、プロジェクトの環境影響評価や環境管理策は事業者が責任を持って実施するべきであり、建設業者に全面的に委任することは望ましくない。

――プロジェクトの立地条件・設計などが変更された場合、
スクリーニング及びEIAのやり直しを義務付けること――

　当初の13の汚水処理方法について行なわれたIEEには、クロンダン村での単一の大規模処理施設建設は含まれていなかった。したがって、建設地がクロンダン村に変更され、立地が工業地帯からマングローブ林に囲まれた漁村地帯へと移動した際に環境影響評価を再度実施する必要があった。

　また融資者であるADBは、本プロジェクトをスクリーニング手続きにおいてEIAを必要としないカテゴリーBに分類している。これも1995年当時の「両岸に2カ所の処理施設建設」という案を前提としており、プロジェクトサイトがクロンダン村に移った段階でカテゴリー分類をやり直し、EIAを必要とするカテゴリーAとするべきであった。しかし、現行の「円借款における環境配慮のためのJBICガイドライン」では、立地条件の変更によるカテゴリー分類のやり直しについて何も触れられていない。

　立地条件やプロジェクトの設計が変更されれば、JBICは必要に応じカテゴリー分類を見直し、事業者が必要な環境影響調査を行なうよう適切な対応を取ることが求められよう。

　――EIAは十分な住民参加の下で行なわれること――

　環境アセスメントは、そのプロセスでプロジェクトによって影響を受ける人々に十分な情報が提供され、関係者間での意思決定に資するものであるべきである。少なくとも、情報公開と住民との協議はEIAの必須の要件と言えよう。

　サムット・プラカンプロジェクトでは、プロジェクトの準備段階で用意されたのは建設業者グループが入札の過程で提出した「環境配慮」だけである。これはいまだに公開されておらず、もちろん作成の過程で住民との協議は行なわれなかった。

　建設が進む中で事実上の環境影響評価であるEMPの調査が行なわれたが、この過程でも十分な情報公開や協議はなされなかった。EMPの審査

を行なったタイ政府・ADBは2001年5月にワークショップを企画した。住民グループはワークショップを一般に公開し、また事前にEMPの草案を公開するよう主張したが、結局EMPは公開されず、参加できたのは招待された極めて限られた住民だけであり、招待を受けた住民の一部はワークショップをボイコットする結果となった。

また言語の問題も生じている。1回限りのワークショップで十分と考えたのか、EMPはその後住民の意見を聞く機会を設けることなくまとめられ公表された。現在のところ英語版だけが存在し、事業者PCDのオフィスで閲覧できるだけである（コピーは許可されていない）。英語を話さず、またバンコクから離れている地域住民にとって、これが公開の名に値するかどうかは大きな疑問であろう。

環境影響を把握しようとすれば、地域住民の参加は欠かすことのできない要素である。実際、2001年5月のワークショップでは、EMPに記載されているクロンダン地域の漁獲高について、ADBとタイ政府がEMPを検討するために雇った独立検討委員会のメンバーからも大きな疑問が提出されていた。地域の経済や社会の把握と影響の評価、さらには住民との合意形成は、環境アセスメントの欠かすことのできない一部であると考えられる。

――相手国政府以外の関係者、
とりわけ影響を受ける住民・NGOからの情報を重視すること――

サムット・プラカンプロジェクトは、1998年から住民が反対運動を繰り広げ、タイの新聞にもたびたび取り上げられていた。しかしJBICは2000年5月に私たちが問題を指摘するまで、住民の懸念の存在すらも知らなかった[49]。その後も、さまざまな問題点について「タイ政府は問題ないと言っている」という説明に終始している。

借入れ国政府や事業者からの情報では、プロジェクトの問題点やさまざまな関係者の懸念について十分に理解することは困難である。プロジェクトの審査時はもちろん、承認後の実施段階でも、借入れ国以外からの情報、とりわけ地域住民からの声を十分に検討し、必要な措置を取る

べきである。

——周知期間に要請があったプロジェクトの取り扱い——

本プロジェクトは先述した通りガイドラインの初版が適用され、EIAは不要と判断された。旧基金は1995年にガイドライン第二版を公表し、これは1997年から施行された。本プロジェクトは、ガイドライン第二版の公表から施行の間のいわゆる「周知期間」に要請されたプロジェクトであった。第二版では、マングローブ林に影響を及ぼす可能性のあるプロジェクトについて、環境アセスメント報告書の提出を求めている。第二版の考え方がサムット・プラカンプロジェクトにも適用されていれば、さまざまな問題点が防ぐことができた可能性がある。

新ガイドラインについても周知期間が設けられることが予想されるが、周知期間内に要請のあったプロジェクトについても、できるだけ新たなガイドラインの考え方を適用し、社会環境影響を未然に防ぐよう努めることが望まれよう。

——プロジェクト承認後問題が生じた場合の
苦情申し立てメカニズムを構築すること——

プロジェクトの一方の融資者であるADBは、プロジェクトによって影響を受ける個人やグループがADBのプロジェクトに関する政策・手続き違反を提訴できる「審査政策」を有している。現地住民はこの政策によって、ADBの政策違反の調査を求め、ADB理事会は2001年7月に調査開始を決定した。

現在、JBIC融資のプロジェクトによって被害を受ける地域住民が、JBICの責任を求めて声をあげるには、JBICの担当部局と接触するしかない。これまでの経験から言って、JBICの担当者は情報の多くを事業者に頼り、担当者レベルで具体的な問題を解決することは困難な場合が多い。ADBや世界銀行が有している独立機関による審査メカニズムは、地域住民にとって切実な懸念を表明し解決方法を探る新たな場であると同時に、国際金融機関のアカウンタビリティ（説明責任）向上にも一役買っている。

JBICにおいても、こうしたメカニズムを導入することは検討に値しよう。

注：
1　Ian Gill, Pollution crisis demands drastic action, Bangkok Post, September 24, 2000
2　バンコクポスト紙によれば、300億バーツを超えているという。(Anchalee Kongrut, Plans to sell treated waste water to private supplier, Bangkok Post, January 10, 2001)．
3　Loan No.1410-THA。変動金利であり、償還期間は25年（5年の据置期間を含む）。
4　Loan No.1646-THA。変動金利であり、償還期間は22年（5年の据置期間を含む）。
5　Asian Development Bank, Annual Report 1995, 1995.
6　タイ環境保全基金は、1992年環境法（正式には「国家環境保全推進法」）制定の際に、タイ政府の環境発展用回転基金および燃料油基金を原資として設置され、環境汚染の著しい地域の環境改善のため、国家環境委員会の監視の下資金を供与している。
7　ODA白書によれば、この融資は、「ツー・ステップ・ローンを活用して、途上国の中小企業や地方自治体の行なう比較的小規模な環境対策を推進しようとするもので」、「地方公共団体等による環境保全施設建設や研究・調査活動を」対象としたものであるという（外務省経済協力局編『我が国の政府開発援助（ODA白書）』1995年版上巻、1995年）。同様の記述は旧基金の年次報告にも見られる（海外経済協力基金『海外経済協力基金年次報告書1994』、1994年）。
8　森晶寿「日本の国際環境援助の現状と課題—タイへの環境援助プロジェクトの評価事例を中心に—」『国際開発研究』Vol.9 No.1、2000年。森はこの理由として、内務省公共事業局による無償の補助金の存在、厳格な審査基準、民間企業への低利融資についての政府内の意見不一致の3点を挙げている。
9　融資契約上、地方自治体によるプロジェクトへの資金提供が条件付けられていたため、サムット・プラカン汚水処理プロジェクトに融資を実施するにあたって旧基金とタイ政府は融資契約を改定した（2001年10月26

日、JBIC開発第一部課長からの聞き取り）。
10　現地ミッションには、環境工学の専門家として滋賀県立大学の奥野長晴教授が参加しているが、後に朝日新聞社の取材に対し、「汚水は各工場で処理するので重金属は入っていないという前提で、有機物質の処理だけを対象に報告書を書いた」とコメントしている（山田厚史「アジア開銀融資、生活に重点：理念裏腹「住民泣かせ」も」『朝日新聞』2001年5月12日）。専門家による審査も、十分な情報や住民参加なしには機能しないことを示していると言えよう。
11　Asian Development Bank, op. cit., 1998. 1998年の推定であり、正確な数字は為替レートによって変動する。
12　プロジェクトのウェブサイトによる（http://www.samutpkwater.com/eng/index.html.）。
13　1986年の技術支援においては、国連開発計画（UNDP）も9万5000ドルの贈与を供与している。
14　以下の記述はAsian Development Bank, Samut Prakarn Wastewater Management Project Aide Memoire of the Asian Development Bank for the Pollution Control Department Special Review Mission（19-28, June,2000）, July 2000による。
15　日本語では「完成品引き渡し方式」と呼ばれる。
16　Asian Development Bank, op. cit., 2000.
17　North Waste Water社（1997年8月に撤退）、Vijitphan Construction社、Praycoonvit社、Si Saeng Kanyotha社、Krungthon Engineering社、Thai Ruang Industry社からなるジョイント・ベンチャー。各企業は、全部または一部が政治家やその親族によって所有されているという（Supara Janchitfah, "Klong Daan's last stand...", Bangkok Post, Jul. 23, 2000）。
18　タイの面積の単位。1ライ＝1600平方メートル。
19　Chalao Timthong and Dawan Chantarahassadi, "Why does the ADB not listen to the local people?", Watershed, Vol.5 No.3, March-June, 2000.
20　Kamol Sukin, "ADB's officials offer little joy for villagers", The Nation, June 23, 2000.
21　ADBの理事会資料によれば、サムット・プラカン県内の主要な工場757社の内、工場内に排水処理設備を持つのは230社であり、タイの排出基準を満たしているのは10社に過ぎないという（Asian Development Bank, Report and Recommendation of the President to the boaed of Directors on a

Proposed Loan to the Kingdom of Thailand for the Samut Prakarn Wastewater Management Project, November 1995)。
[22] 2000年7月6日、JBIC開発第1部課長（当時）からの聞き取り。
[23] 2001年1月23日、チュラロンコーン大学工学部環境工学科助教授Munsin Tuntoolavest博士からの聞き取り。
[24] Supara Janchitfah, "Green wastewater project mired in controversy", Bangkok Post, May 7, 2000.
[25] タイ王国憲法第56条第2段「環境に重大な打撃を与える可能性がある計画及び活動は、法律の規定に基づき実施前に環境影響調査評価を行ない、環境民間団体の代表及び環境教育を行なう高等教育機関の代表で構成する独立組織の見解を付した場合を除き、これを実施することはできない」。
[26] ADB, op. cit., 2000.
[27] Ibid.
[28] ADBの環境配慮政策は、EIA/IEEの作成過程で被影響住民やNGOの見解への考慮・EIA/IEEの要約の公開を必須要件としており、この「環境配慮」を同政策で要求されているEIA/IEEを同一視することはできない (Asian Development Bank, Environment Assessment Requirements and Environmental Review Procedures of the Asian Development Bank, March 1993.)。
[29] 当初この環境アセスメントは「包括的環境影響評価」(comprehensive EIA) と呼ばれていたが、後に「環境管理計画」(Environmental Management Plan) と名前を変えた。これは、EIAがプロジェクト建設開始後に行なわれているという批判を避けるためと思われる。
[30] このワークショップでは、住民代表がさまざまな懸念を表明したほか、ADBの独立レビューチームメンバーからもEMPの内容について疑問の声が出された (Asian Development Bank, Summary of Samut Prakarn Wastewater Management Project Independent Review Public Workshop, May 2001.)。
[31] 海外経済協力基金『環境配慮のためのOECFガイドライン＜初版＞』1989年。1995年には同ガイドラインの第二版が発表されたが、2年間の経過期間後発効したため、本プロジェクトには初版が適用された。
[32] これに対して、「ガイドライン」第二版ではスクリーニングの手続きを定め、A種に分類されたプロジェクトにおいてはEIAの実施を借入れ国に

義務付けている。ただし本プロジェクトについては、第二版を適用したとしても、当初はB種に分類されEIAは必要とされず、結論は変わらなかったものと思われる。(サイト移転後はマングローブ林に立地するためA種に分類を変更する可能性は存在した。ただし第二版でもカテゴリー分類変更については触れられていない。この点については後述する。)

33　2000年8月10日、JBIC開発第1部課長（当時）からの聞き取り。
34　2000年8月10日、JBIC開発第1部課長（当時）からの聞き取り。
35　タイ王国憲法第59条「自己あるいは地域の環境、保健、生活水準あるいは他の重要な利害に影響を及ぼす何らかの計画あるいは活動の許可あるいは実施前に、人は法律が規定する公聴過程に則して、公官署、政府機関、公共事業体あるいは地方行政体から情報及び説明を受ける権利を有し、またその件について自己の意見を表明する権利を有する」。
36　Supara Janchitfah, "Green wastewater project mired in controversy", Bangkok Post, May 7, 2000.
37　Asian Development Bank, op. cit., 2000.
38　Chalao Timthong and Dawan Chantarahassadi, op. cit., 2000.
39　2000年6月13日付けのADB総裁千野忠男からNGO-COD議長のデイ（Dej Poomkacha）にあてられた手紙。
40　Supara Janchitfah, op. cit., July 23, 2000.
41　Ibid.
42　Asian Development Bank, op. cit., 2000.
43　"Bleak future for Klong Dan project", Bangkok Post, April 29, 2000.
44　2000年8月10日、JBIC開発第1部課長（当時）からの聞き取り。
45　2000年6月13日付けのADB総裁千野忠男からNGO-COD議長のデイ（Dej Poomkacha）にあてられた手紙。
46　Supradit Kanwanich, "Turning sewage into gold", Bangkok Post, September 24, 2000.
47　Ibid.
48　Ibid.
49　2000年5月23日、JBIC総務部報道課長からの聞き取り。

第 7 章
環境ガイドライン策定に向けたプロセス

松本郁子・本山央子

—— 第7章 環境ガイドライン策定に向けたプロセス ——

　日本政府の途上国開発支援のあり方に対する批判的な市民運動は1980年代から現在まで、すでにかなりの経験を経てきている。特に80年代後半から90年代初めにかけて、インドネシアのコトパンジャンダム[1]、インドのナルマダダムなど、プロジェクト地域の住民と連帯した市民運動はODA政策に対する包括的な批判を強め、国会においても政府を追及するなど大きな注目を集めた。このような批判的運動は政府に国民に対する説明責任の必要を痛感させ、情報公開や環境政策強化などの一定の政策変更をもたらした。さらに、NGOとの政策対話や現場活動型のNGOとの協力など、援助政策への市民参加もしだいに進められている。互いに敵対的な時期さえあった政府・政府機関とNGOとは、多くの交渉の経験を経て、緊張や対立を孕みつつもしだいに安定した対話関係を築きつつあるといえるだろう。それでもNGOと政府との協力は主に援助実施の段階に限定されており、重要な政策の決定にNGOが対等に参加する例はごく少ない。

　JBICの新環境ガイドラインの策定は、世界と国内での政策変化の機会をとらえてNGOがはたらきかけを起こし、議論の過程にも全面的に参加したという点で、今まであまり例のないユニークなケースであったといえるだろう。それまで融資プロジェクトに関して批判的なやりとりはあっても協力関係のなかった政策提言型NGOと、政府の援助政策実施機関であるJBICが一緒にひとつの政策をまとめるのは、互いに骨は折れるが新鮮な学びのプロセスでもあった。現段階ではこのような形での政策提言活動の功罪について総合的な結論を出すのはまだ早いだろうが、今後、NGOによる政策決定への取り組みがさらに広がることを期待して、ここまでの経験にもとづく教訓と課題を振り返っておきたい。

1. ECA環境ガイドライン強化に関する国際的な動き

　1980年代から途上国で推進されてきた経済自由化政策の結果、90年代に入ると、開発援助に頼らず民間資金を導入した大規模資源開発やイン

フラ開発がさかんに行なわれるようになった。先進各国の公的輸出信用機関（Export Credit Agency: ECA）は、こうした「民活」型開発の拡大とともに国際開発金融における重要な役割として注目されるようになり、その環境政策は国際政治課題のひとつとなっていく。

　輸出信用機関とは、自国企業の輸出や投資活動を支援するため、融資や保険、保証等による公的支援を提供する機関を指す。提供するサービスや国家の関与のあり方はさまざまだが、ほとんどの工業国がこのような機関を持っている。自由競争を標榜して途上国の市場開放を迫ってきた先進諸国は、実際には自国企業の国際競争力を維持するために手厚い保護を与えてきたわけだが、そのほとんどは透明性を欠き、環境・社会に関する政策を持っていなかった。

　1996年、中国の長江に建設中の三峡ダムに対する資金融資問題が、ECAの環境基準に関する議論を加速させた。この巨大ダムの発電機の受注をめぐって先進各国の企業が争った際、アメリカ輸出入銀行は120万人にのぼる立ち退き等、環境への重大な影響を理由に融資しない姿勢を明らかにしたが、日本、ドイツ、スウェーデン、スイス、カナダ、イギリスなどのECAはそれぞれ応札する自国企業の支援に回った[2]。アメリカ政府は、自国企業が環境基準の低い国の企業に対し国際競争上不利になってしまうことを懸念し、環境基準の共通化をより積極的に働きかけていくことになる。

　経済開発協力機構（OECD）では1994年以来ECAの環境基準について話し合いが行なわれてきたが、特に小規模のECAが多いヨーロッパ諸国の消極姿勢のために議論は進まず、アメリカはG8の枠組みで打開を模索した。その結果ついに99年のG8ケルンサミットの共同宣言で、2001年末までに共通の環境基準作成の作業を完了することが言明され、これを受けてOECDの輸出信用作業部会はECA共通の環境アプローチ作りに向けた具体的な作業に着手した。このうえでは、途上国の開発への民間資金導入を積極的に推進してきた世界銀行グループの民間支援機関である国際金融公社の環境政策がひとつのモデルとされた。

　一方、すでに強力な国際ネットワークを持ち、開発機関の環境政策に

も大きな影響を与えてきた環境NGOも民間資金による大規模開発プロジェクトの拡大に危機感を強めて各国で活動していたが、1998年3月にはECA改革のための国際キャンペーンを20カ国のNGOが参加して組織した。NGOはECA環境基準に関する国際的議論の進展を歓迎し、実質的に意味ある共通ガイドラインが作成されるよう、各国政府やOECD等にはたらきかけを行なってきた。

　すぐれた情報収集ネットワークと政策分析、これまでの国際・国内ロビイングの経験を主な武器に、NGOはOECDの交渉を透明化するよう要求し、NGOとの政策対話を始めさせ、非公開扱いだった交渉文書も一部公開させることに成功した。各国政府の動向は常に情報交換され、自国政府へのロビイングや国際レベルでのロビイングに効果を挙げた。共通ガイドラインの内容についても、NGOは物理的環境基準に議論をとどめず、情報公開や現地住民との協議を共通アプローチに取り入れるよう働きかけていった。

　こうした国際NGOの活動は、日本におけるJBIC環境ガイドラインのキャンペーンにとって非常に重要な示唆と情報を与えるものだった。旧・日本輸出入銀行が融資するサンロケダム問題に取り組んでいた地球の友ジャパンは、この国際ネットワークの一員として98年に日本での活動を開始した。

2. 国内でのNGOの取り組み

——国会審議向けロビイング——

　民間投資の環境影響がようやく問題になり始めたころ、日本国内では橋本政権下で「行政改革」の掛け声が強まっていた。結局、政府機関と官僚ポストの数合わせに終わった慌しい流れの中で、旧日本輸出入銀行と旧海外経済協力基金の統合は十分な議論もないまま95年3月に閣議決定されてしまった。何ら実質的な変化を含まないこの決定が、両機関の環境政策の改善を求めていた私たちNGOにとっては重要なチャンスをもたらした。

ECAの環境基準強化が国際的課題になっていたとは言え、そのままでは輸出入銀行の政策見直しにはつながらないだろうことははっきりしていた。ヨーロッパなどの小規模のECAに比べれば、日本の輸出入銀行の環境チェックはまだ良い方だったのである。国際的な動きは環境政策強化に向けた追い風ではあったが、それを十分に生かすには、国内で環境政策が議論できる場を作り、NGOの声が反映できるようにしなければならない。

　機関統合の機会を同時に政策見直しの機会にできれば、輸銀ばかりでなく海外経済協力基金の環境政策についても同時に問題にすることができ、何より統合後にできる新機関の巨大さは内外の関心を引くのに十分である。そこで、統合を機に基金の環境ガイドラインおよび輸銀の環境チェックリストを見直して、あたらしく統合ガイドラインを策定し、少なくとも世界銀行に近い水準を満たす十分な内容のものにすることに目標を定め、98年からキャンペーンを開始した。その初めての重要な政策議論の機会となったのは、国際協力銀行（JBIC）の設置法案が審議される99年1月からの通常国会である。

　実は国会ロビイングに力を入れるよう私たちに強く勧めたのはアメリカのNGOだった。アメリカの輸出信用機関の一つである海外民間投資公社（OPIC）が環境政策の大幅な改善を行なったのは、行政改革の対象となって、環境面も含め総合的な活動が議会で厳しく評価されたためだったという。国内NGOの間には設置法のロビイングは環境政策強化に効果はないと否定的な意見が多かったが、機関の基本法において環境や社会への配慮を位置付けるのはきわめて重要だというのが、議会ロビイングで大きな成果を挙げてきたアメリカのNGOの意見だった。

　たしかに日本では政府提出案に根本的な変更を求めるのは非常に困難だが、少なくとも国会議員を通して私たちの意見・関心を表明し、政府から責任ある回答を得ることが可能である。政策決定への参加の機会がまだ非常に限られている日本のNGOにとって、国会は政府に影響を与えるための重要なツールになりうることが、個別のプロジェクトに関する国会議員との協力関係を通してしだいにわかってきた。そこで設置法案

そのものについては本文の「目的」に環境、人権、持続可能な開発などの文言を含めるよう求め、同時に新環境ガイドラインの必要について政府から前向きな言明を引き出すことを目的と定めた[3]。

　この段階ではガイドラインの内容についてまだ具体的な提案は固まっていなかったが、とにかくこの法案審議に関心を持っていること、達成したいと思っている重要なポイントだけをまとめて、環境問題や開発問題に関心を持つ与野党議員にコンタクトを始め、海外ゲストを招いて国際的動向や環境政策強化の必要についての議員勉強会も開催した。一方で、議員や政党のスタッフからは重要なアドバイスを多く受けた。最終的に国会に提出される政府案は与党内や野党、その他関係者との調整を経たものなので、修正はきわめて難しい。できれば与党内調整が終わる前に与野党の議員に十分な働きかけを行ない、相談をしておくことが重要であるとわかった。この場合は、法案が閣議決定される前の与党内調整の段階で、自民党の小杉隆衆議院議員（当時）が環境に配慮するよう注文をつけられたことが、政府の積極的な姿勢を引き出す上で大きな意味を持ったようである。またガイドラインに法的根拠を付与するため、設置法の下部法に当たる政令の「業務方法書」で環境ガイドラインに言及することも、この段階でのはたらきかけによって確保された。

　こうして、JBIC設置法案に関する参議院予算委員会での最初の審議において、宮澤喜一大蔵大臣（当時）、堺屋太一経済企画庁長官（当時）は、福山哲郎参議院議員の質問に答え、統合環境ガイドライン作りを明言した。政府が最初からODA・非ODA統一の環境ガイドラインを受け入れるとは私たちも予想していなかったが、これで統合新ガイドラインの策定は決まったと言っていい。審議が始まる前の野党に対する法案説明時から環境問題に集中して質問してもらったこともあり、政府には環境政策への高い関心が十分に伝わっていたと考えてよいだろう。

　もちろん多くの野党議員にも協力してもらい、環境政策に関する質問をぶつけた結果、国際的水準から見て十分な内容をもつ統合環境ガイドラインを策定すること、策定過程においては透明性を保ちNGOと協議を行なう、等の政府答弁を引き出すことに成功した。衆議院環境委員会で

も、佐藤謙一郎衆議院議員が国際協力銀行の環境配慮について質問し、環境省も国際協力銀行の環境ガイドライン作りに積極的に関わることが確認された。

法案自体に環境関連の文言を挿入することはかなり困難であることがわかってきたため、議員のアドバイスにより代わりに環境・社会配慮強化を求める付帯決議をつけるという方針に変更し、各党の担当委員を回って協力をとりつけた。それまでのはたらきかけの成果もあってこの調整はスムーズに進み、最終的に「国際協力銀行法」は無修正で成立したが、衆参両院で環境配慮に関する付帯決議が可決された。その中には、情報公開と透明性の強化に努めること、「支援の決定は当該国の国民の理解を得て行なうこと」「当該国の自然環境に与える影響を十分考慮し、環境配慮のための国際水準に照らして十分な内容を持つ統一ガイドライン等を策定の上、十分な調査を行ない決定すること」などの重要な項目が盛り込まれた。付帯決議はそれ自体ではあまり効力はもたないが、私たちはこれらの内容をフォローアップする形で、その後の具体的な策定過程や内容を議論していった。

さらに、小淵恵三首相（当時）に対しても、国際的基準を満たす環境ガイドラインを、プロセスの透明性を確保して策定するよう求める要望書を、国会議員12名を含む多数の賛同を得て、直接首相官邸に提出した。これは財務省などの管轄官庁に対して有効にはたらいた。

――ガイドライン策定プロセスの提案――

国会議員に対するロビイングと並行して、関係省庁へのはたらきかけにも力を入れた。NGOは1997年より3カ月に一度、財務省と援助政策に関する定期協議を行なってきており、98年からこの定期協議などを通じて財務省と輸出信用機関の共通のガイドライン作りについての話し合いを続けてきた。こうした意見交換を通じて、財務省その他と、統合環境ガイドラインの策定とその過程におけるNGO参加を確保することなどについて確認した。

また、この時点では国際合意ができていなかったECAの共通環境ガイ

ドライン作成についても、日本政府が積極的に支持することが、今後のJBICガイドラインの中身について議論していくうえで重要な意味をもつ。G8会合やOECDでは日本政府は常に単一の主体として意見を表明しなくてはならないので、通産省（当時）が消極的な態度をとり続けたのは少なからぬ問題となった。99年6月のG8ケルンサミット前には、国会議員の協力もあり、日本政府が共通のガイドライン作りに積極的な支持を表明するようにはたらきかけを行ない、方針をまとめることに成功した。

　ここまでは政府からNGOの要求に対する重要な合意を引き出せたものの、ガイドライン策定を実際に担当するJBICとの間では、互いに信頼関係が築けていないこともあって、具体的な策定プロセスについての話し合いはなかなか進まなかった。統合を目前にした1999年9月に、旧輸出入銀行はそれまでのチェックリストに代えて、初めて「環境配慮のためのガイドライン」を発表した（これは統合ガイドラインができるまで一時的に使用するもの）が、NGOとの情報交換は一切行なわれなかった。

　このとき私たちがもっとも懸念していたのは、NGO参加が口先で保証されても、実質的な内容の議論からは排除されてしまうのではないかということである。JBICが草案を作成してしまったあとに発言の機会が与えられたとしても、ほとんど影響を与えることはできず、形式だけの参加に終わる恐れが強い。それよりはできるだけ策定の初期段階から関わって、具体的な提案を行なうことのできる方法をと考え、さまざまな関係者とも相談を重ねた結果、JBICや関係省庁、さまざまな分野の専門家やNGO、議員等が平場で形式ばらずに議論を尽くすことのできる場を設けるよう提案することにした。

　心強いことに、この頃にはJBICの中からも、NGOと協力してよりよい環境ガイドラインを作成し、OECDにおける国際議論に貢献しようとする積極的な動きが現われてきた。JBICが発足して半年後の2000年4月には、JBICの主催により、OECD輸出信用部会の議長や各国ECAの環境ガイドラインの担当者も参加してECAの環境ガイドラインに関する国際シンポジウムが東京で開催された。ここでは日本が積極的に国際的な環境問題の改善の試みに参加することが表明され、NGO代表も発表の機会を

与えられるなど、JBIC内部からの前向きな変化のサインが読み取れるものであった。また同じ機会にNGOがアレンジしていた世界銀行グループ国際金融公社の環境・技術局長の来日、関係者との会合が実現したが、これも関係省庁やJBICスタッフの協力によって可能となったものである。

　——NGO提言のまとめ——

　関係者に対する働きかけを進める一方で、国内や海外でJBICの環境ガイドラインに関心を持つ人々に情報を広め、広範な議論を通して、NGOとしての経験に基づいた具体的な提言をできるだけ早期にまとめる必要があった。このため2000年11月に、これまでODA改革に取り組んできた国内の団体や関心ある個人を中心としてNGO・市民連絡会を立ち上げた。主な獲得目標として確認したのは以下の点である。

(1) 環境・社会配慮についての基本的理念とガイドラインの目的の明確化。
(2) 融資案件に関する情報の公開と市民参加の拡大。また、直接影響を受ける現地住民に対する情報公開と十分な協議・参加の保証。
(3) 環境アセスメントおよび環境審査の基準強化と手続きの明確化。
(4) 最低限、国際的に重視されている環境配慮の水準を実質的に達成すること。
(5) 人権の保障、社会的弱者への配慮の強化。

それぞれの詳細については第8章で触れることとしたいが、いずれも、長年日本のODA問題に取り組んできたNGOがもっとも強く求めてきたことである。連絡会は、セミナーやシンポジウム等でより多くのNGOや市民に関心をもってもらうよう呼びかける一方、これらの目標に沿ってガイドラインに盛り込むべき具体的なポイントを抽出するための作業を行なった。そのひとつは、「国際的に重視されている環境配慮の水準」の具体的な要素を明らかにするため、世界銀行などの国際機関や、他国の輸出信用機関で採用されている政策や環境ガイドラインの内容を比較検討することである。しかしどれほど高い水準が達成されても、今後、JBIC

融資プロジェクトが大きな被害を繰り返すようでは意味がない。これまで問題が起きたJBICの融資案件を検証し、どんな問題があり、なぜ防げなかったのかを考えてみることにした。その成果は本書に収められている。

　主にこの2つの作業を通してガイドラインに含まれるべき主なポイントを抽出し、これをもとに多くのNGOや環境専門家、援助関係者の方々と議論しながら何度も改定を重ねていった。それが第8章に示す別表である。これは実際にガイドラインの議論が始まる前に関係者に配布して参考としてもらい、また各項目に関してわれわれがさらに詳細な提言を行なう上でもベースとなった。

——独立「研究会」の設置——

　JBICとの具体的な議論の場づくりに向けての調整は、その後も決してスムーズに運んだわけではない。NGOとしては議事の完全な公開とNGOの対等な参加という条件を譲るわけにはいかないが、JBICの内部ではそのような策定プロセスの受け入れで合意をとりつけるのは非常に困難なように見えた。結局、4月の提案から約半年かけて調整した結果、JBICによる草案作成作業の流れとは別に、環境ガイドラインの望ましい内容を検討してJBICに提言を行なう、独立の「研究会」形式をとることが決まった。

　もちろんJBICは「研究会」の提言を受けて実際のガイドライン策定作業に入ることが期待されていたが、「研究会」自体は必ずしも正式な策定プロセスのなかで明確な位置付けを与えられていたわけではない。このため提言が完全に尊重されるとは限らないというリスクはあったが、その代わり、事務局がお膳立てをして形ばかり「有識者」の意見を聞くような審議会形式ではなく、実質的な議論の場となることを目指していた。このような完全に独立した「研究会」の正統性を保証するものは、完全な透明性と説明責任、それに主要な関係者による実質的な研究会の承認である。

　参加メンバーには環境アセスメントや開発分野の専門家、JBICスタッ

フ、NGO、また財務・外務・環境省など主要省庁のスタッフなどが、それぞれ「個人として」参加することになった。これらのメンバー以外にも希望者は誰でも参加可能とし、外部からのコメントもメール等の手段により受け付けた。詳細な議事録を作成し、討議資料も一部を除きすべてホームページ等で公開することとした。こうしたことが可能だったのは、JBICや関係省庁内でリーダーシップを発揮された個人のイニシアティブに加え、日本各地で住民参加による開発決定の試みを支援してこられた東京工業大学教授原科幸彦氏の示唆によるところも大きい。私たちNGOも機会を捉えては関係省庁や国会議員等から、この研究会の成果が実際のJBICによるガイドライン策定プロセスにおいて十分尊重される旨を繰り返し確認した。

　こうして始まった「国際協力銀行の統合環境ガイドラインに関わる研究会」は、2000年10月から2001年7月まで16回にわたって会合を持ち、ガイドラインの理念から内容、適切な実施のための体制まで広く議論した[4]。議題の設定から進行方法の決定、テーマごとの提案や検討資料の準備も、すべて事務局ではなく参加メンバー自身が行なった。この過程ではJBICの開発支援手続きの詳細について情報を共有し、NGOの提案も真剣に討議された。最終提言をとりまとめるに至るまでには激しい議論もあったが、なるべく両論併記を避けて合意点を明記し、議論の背景についても詳しく述べている。OECDにおける国際共通ガイドライン策定の作業は、ヨーロッパ諸国等の激しい反発にあって世界銀行モデルからかなり後退する見込みとなったが、幸いにしてJBICガイドラインの議論は消極的な国際世論に引きずられずに進めることができた。

　最終提言は2001年9月19日に公開セミナーで発表され、この場でJBICは研究会提言を十分尊重することを明言してガイドラインの草案作成作業に入った。研究会提言を高く評価する意見も多かった一方で、企業等の反発の声もあり、またODAについては途上国政府の合意が得られるかどうかを懸念する意見も聞かれた。このため草案作成段階でも「研究会」参加者は引き続いてフォローアップ委員会を組織し、最終草案が十分に研究会の提言を踏まえたものになるよう、JBICとの協議を続けた。草案

は2001年12月にパブリック・コメント（公開された政府案に対する意見の公募）に付され、2002年3月に制定、その後2年の経過期間をおいて施行される予定である。

3. ガイドライン策定におけるNGO参加の教訓と課題
――NGO参加によるガイドライン策定を実現させた要因――

　3年にわたるここまでの流れを、環境ガイドライン強化キャンペーンを始めたNGOとして振り返れば、思い通りにはいかなかったことも多々あるものの、全般としては予想以上に成功を収めたと言っていい。98年にキャンペーンを開始した時点では、ガイドラインの見直しが起こるかどうかも含めて、何一つ確かなものはなかったのである。NGOとして動きを起こすために必要な外的条件は、輸出信用機関の環境政策強化という国際的な動きと、政府構造改革に伴う日本輸出入銀行と海外経済協力基金の統合という国内での動きという、2つの政治的機会だった。そのチャンスを生かすことができたのは、何よりも、国内と海外の広範な人材ネットワークを通して、目標を達成するためにはどこに、いつ、どのようにはたらきかけを行なうべきか、的確なアドバイスと協力が得られたためである。

　変化を起こすために最初の動きを作り出すのはNGOの役割だが、その資源、能力、知識は当然限られている。ガイドライン策定という決して小さくはない変化を起こすためには、JBICや関係省庁内部のスタッフ、国会議員、学識経験者、さらに国際開発機関のスタッフや海外NGO等、さまざまな人々の力を借りることがどうしても必要であった。こうした人々と信頼関係を築き、相談を重ねることで、私たちの提案も具体的で効果的なものへと鍛えられ、それを実現するための方策を明らかにし協力も得られることになった。独立、非公式の「研究会」というアイデアも、NGOだけでは決して出てこなかっただろう。もちろん、今回のキャンペーンにこれほど幅広い人々との協力を得られた背景には、これまで長年にわたって積み上げられてきた国内と海外のNGO－政府間関係の蓄

積があることも忘れてはならない。

「研究会」の場では、参加したJBICスタッフ、学識経験者、NGO、環境省、財務省、外務省、国会議員がそれぞれの役割を最大限に発揮して議論の成功を導いた。おそらくNGOは、これらの関係者の中ではもっとも権力を持たないかわりに、組織に縛られず自由に動くことができる。このような自らの特性を認識したうえで、異なる関係者の役割や権限、その限界を把握し、必要な動きを起こしていくための調整は重要である。たとえば組織内の立場上、表立っては動けないが有効な知見を持っている人の力が発揮できるような方法を考えたり、現場の人間だけでは動かせない問題に政府や議員の介入を求めることが必要な場合がある。その意味で、国会議員とNGOとのより緊密な協力関係がもっと考えられてもよいのではないだろうか。

――政策議論プロセスの教訓と課題――

今回のガイドライン策定では、独立・非公式・完全公開の研究会によって政府、NGO、学識経験者など異なる関係者がともに議論をするというはじめての試みがなされた。こうした形式をとった積極的な理由は、透明性とNGO参加が保証されること、国際的な議論を踏まえ先進的な環境ガイドラインにしたいという点で、主要な関係者が一致していたためである。政府が「有識者」の意見を聞いて草案を作成し、パブリックコメントを行なうといった通常の政策決定の方法では、重要な利害関係者とみなされない市民の意見はほとんど調整が終了した段階で聞きとられるだけで実態的な影響力を持ちえず、これまでの枠を超えるような議論も期待できないだろうことを、NGOだけでなく政府やJBIC関係者も理解していた。

そこで異例の非公式研究会が立ち上げられることになったわけだが、一方では、議論の過程をすべて公開すること、またこれまでJBICプロジェクトに批判的であったNGOの全面的参加を認めることに対して、JBIC内部に少なからぬ反発があったため、非公式にせざるを得なかったという側面もあった。このために研究会提言の正統性を疑問視する声がJBIC

内部や企業から最後まで聞かれたり、JBICの草案作成の段階に至ってからODAを所管する外務省との調整がうまくいかないというような問題も生じることになった。このため私たち研究会メンバーも最後まで大いに気をもみ、たとえば最終提言の発表方法も主催は研究会だがJBICの講堂を利用し、JBICの理事や国会議員にも出席を要請する等、研究会の正統性をアピールするよう努めた。しかし議論を尽くして合意した研究会提言が、JBICの正式な草案となったとたん、大きく後退して従来のものと変わらないような文言に改められてしまったことにも現われているように、実際に業務を実施していくJBIC担当者や企業、政府の一部には、こうしたプロセスのインパクトは十分に受け止められていないのかもしれない。今後は実施面でのトレーニングとルールの遵守が課題となるだろう。

　それでも、完全に透明なプロセスで「よりよい環境配慮はどうあるべきか」という点に的を絞った質の高い真摯な議論が可能になったことで、それぞれに立場も異なる参加者がそれなりに納得をして最終案をまとめることができた意義はやはり大きかったと言えるのではないだろうか。日本でのこうした試みは他国のNGOからも高い注目を集めた。また、民間の銀行業界も環境ガイドラインの研究を始めたり、同じように企業の海外投資を支援する日本貿易保険の環境ガイドライン改定にも影響をあたえるなど、思わぬ効果もあがっている。企業や開発コンサルタントの環境・地域社会に配慮した活動という面でもよい影響が期待できる。

　今後、政府や政策実施機関と政策提言型NGOとの間の協力関係の可能性もひろがっていくだろう。今回の取り組みを通して、互いの拠って立つ経験に対する理解と、議論の土台となる知識ベースを共有することの重要性が改めて認識された。今回もJBICの融資の仕組みや環境確認の手続きを理解するのに非常に多くのエネルギーを割かざるをえなかった。もちろん政府の側でも普段から情報を提供し説明する努力がもっと必要だろう。環境ガイドラインのような政策は、現場において実践性をもたなければ、結局は意味がないし、現場の問題はやはり政策の変更につなげていかなければならない。政策と現場をつなぐために、具体的な経験

に基づき、政策を議論できる専門性をもつNGOの存在は今後もますます重要になってくるだろう。この面ではまだ能力不足があることは否めない。環境ガイドラインを今後どのように現場で生かしていくのかが今後の重要な課題である。

　また、政策決定のプロセスに素案段階から関わったことは、私たちの提言を具体的なものとする上で非常に重要なチャンスとなったが、一方では私たちもまた政府素案に一部責任を負うことにもなる。また、専門的な議論に力を集中してしまったため、より多くのNGOや市民には参加しにくい状況になってしまったということもある。このようなNGO間の関係や責任の持ち方も、今後政府とNGOとの協同が増えていくなかで考えていかなければならないだろう。

　いずれにしても、今回の試みは、しだいに開かれてきたとは言え、まだきわめて限定的なものに留まっている政策決定過程への市民参加の枠を大きく押し広げ、現状では組織的手続きの遵守に堕している公的意思決定を、透明性と説明責任という原則によってあたらしく捉えなおそうとしたことに大きな意味があったと考える。本書で繰り返し取り上げているように、開発と環境をめぐる問題は、多様な主体が関わる生活の場とその将来の姿をどのような枠組みで公正に決定していけるのかという問題でもある。日本の提供する開発支援の環境ガイドラインを策定する過程は、同時に日本における公的意思決定の質を問う機会になったと言えるかもしれない。

注：
1　大規模な住民移転および水没の被害が指摘されていたコトパンジャンダムは、日本企業が立案し、国際協力事業団が開発調査、海外経済協力基金（当時）が融資を行なって1996年に完成した。詳細は（コトパンジャン・ダム被害者住民を支援する会　2001）等を参照。
2　JBICおよび政府関係者によれば、JBICが求めた環境配慮の条件受け入れを中国側が拒否したため、日本企業の受注はならなかった。
3　「国際協力銀行法」の第1条「目的」には、「国際協力銀行は、一般の金融

機関と競争しないことを旨としつつ、わが国の輸出入もしくは海外における経済活動の促進または国際金融秩序の安定に寄与するための貸付け等並びに開発途上にある海外の地域の経済及び社会の開発または経済の安定に寄与するための貸付け等を行ない、もって我が国及び国際経済社会の健全な発展に資することを目的とする」と述べられている。

[4] 研究会の議事録および提出資料についてはホームページ (http://www.sg-egl-jbic.org/) で見ることができる。

参考資料・文献：
- Berne Declration et al., "A Race to the Bottom : Creating Risk, Generating Debt and Guaranteeing Environmental Destruction", March 1999
- Dai Qing, The River Dragon Has Come! The Three Gorges Dam and the Fate of China's Yangtze River and Its People, M.E. Sharpe Inc., 2000
- Dai Qing, Yangtze! Yangtze!, Earthscan Publications Ltd., 1989
- 久保康之「いまなお続く、コトパンジャン・ダム問題」インドネシア民主化支援ネットワーク、2001年9月No.36
- コトパンジャン・ダム裁判原告代表団キャンペーンツアーを成功させる会、コトパンジャン・ダム被害者住民を支援する会「インドネシア　コトパンジャン・ダムは告発する－現地住民のODA裁判を支援しよう—」耕文社、2001年
- 国際協力銀行の統合環境ガイドラインに関わる研究会ホームページ http://www.sg-egl-jbic.org/

第8章
開発金融機関の環境配慮はどうあるべきか
JBIC新環境ガイドラインへの提言
本山央子

1. 環境と開発に関する国際機関等の政策

　新しい環境ガイドラインにはどのような要素が盛り込まれるべきかを考えるために、私たちは本書でも紹介したプロジェクトのケーススタディーを通してこれまでの環境配慮の問題点を分析するとともに、他の開発金融機関等の環境政策やガイドラインを比較調査することにした（章末表参照）。主要な国際機関の活動にも多くの問題があり、決して理想的な政策と呼ぶことはできないが、少なくとも、JBICの政策を考える上で重要な参照点であることは間違いない。

　開発援助の分野での代表的ガイドラインとしては、経済開発協力機構（OECD）開発援助委員会が1992年に作成した「援助と環境に関するガイドライン」シリーズがある。これは、先進国の開発援助機関向けに作成されたもので、開発プロジェクトの環境影響評価のグッド・プラクティス（望ましい実施要綱）や、非自発的移住に関するガイドラインなどが含まれる。日本の開発援助政策にもこのガイドラインは取り入れられている。

　また、もっとも早い時期から社会・環境政策の整備を進めてきた世界銀行の政策は国際的にもっとも重視されている基準である。世界銀行の環境関連文書は、セーフガード政策、実施手続き、そしてプロジェクトの性質に応じて参照すべきさまざまな具体的基準や指針などを示すグッドプラクティスや資料という、3つのレベルで整理されている（図4は世界銀行グループの国際金融公社（IFC）の社会環境政策を示したもの）。

　セーフガード政策は、1988年に初めて策定された環境アセスメント政策のほか、環境アセスメントの対象となる、文化遺産、紛争地域、森林、先住民族、国際水流、非自発的移住、自然生息物、農薬・害虫管理およびダムの安全性の10項目に関する政策を指す。また情報公開も最も厳格な運用が求められる重要な政策である。これらの政策は現在までプロジェクト実施経験やNGOなどの意見も取り入れながら改定が行なわれている。

　基本政策と並んで詳細なプロジェクト実施手続きが定められており、

確実な遵守が求められる。プロジェクトの立案、意思決定、管理、評価に至るまでの諸ステップや、投融資部門や環境専門部署の役割、公開される文書の種類や時期について細かく規定されており、スタッフだけでなく外部者にもわかるよう説明されている。環境配慮に関わる意思決定のプロセスや方法、タイミングを文書化して公開することは、説明責任の観点からだけでなく、外部者との情報交流を融資機関としての意思決定に生かすうえでも有効である。

　スタッフや事業者がこれらの政策及び手続きにしたがってプロジェクトを準備・運営するうえで、該当するセクターや項目別に参考とできるグッドプラクティスや資料も充実しており、他の援助機関等にもよく利用されている。代表的なものとしては、「有害物質や廃棄物の取り扱いに関する汚染防止・削減ハンドブック」や「職の健康と安全に関するガイドライン」、「住民参加を促進するためのハンドブック」などがある[1]。

　民間投資の環境配慮に関して参考となるガイドラインにはどういうものがあるだろうか。世界銀行グループには、途上国政府に対する開発支援を行なう国際復興開発銀行（IBRD）と国際開発協会（IDA）（この2つが一般に「世界銀行」と称される）のほか、途上国への民間投資を金融面で促進する国際金融公社（IFC）がある。IFCの支援対象は民間セクターだが、「貧困削減と持続可能な開発」という世界銀行の開発目標を共有しており、環境・社会政策も基本的には同じものを採用している[2]。このような世界銀行グループのアプローチは、同じように途上国政府に対する開発援助と、民間セクターに対する輸出・投資支援の機能をあわせ持っているJBICにとっても参考になるだろう。

　先進諸国の輸出信用機関（ECA）の環境ガイドラインに関する国際議論において、IFCはもっとも早く高いレベルでの民間投資の環境政策を導入している機関として参照されている。そのIFCの政策を多くの点で採用しているのがアメリカの輸出信用機関の1つである海外民間投資公社（OPIC）で、各国機関の中ではもっとも高いレベルでの環境配慮を行なっている。OPICの「環境ハンドブック」は、「OPICが取引先や市民と相互交渉するための枠組みを提供する」ものと位置付けられており、こうし

た点でも参考になる。また世界銀行やIFCの作成した政策やガイドラインを参照するほか、他の国際機関や環境保護団体の資料も事業実施のために用いている。こうした国際機関の規準・ガイドラインを用いるのはJBICにとっても効果的と考えられる。

今回の調査では、上記に挙げた機関のほかにも、アメリカ輸出入銀行や、オーストラリア、カナダ等の輸出信用機関が策定しているガイドラインや、アジア開発銀行の先住民族政策等を参照した[3]。NGO提言の多くは研究会による最終提言に反映されているため、以下では重要なポイントに絞って紹介することにしたい。

2. 環境・社会配慮の基本的原則

政府「開発援助大綱」には環境が重点事項の一つとして掲げられているが、JBICがどのような環境政策に基づいて開発支援を行なっているのかはあまり明確でない。旧環境ガイドラインの冒頭には、プロジェクトの環境配慮は実施主体者（事業を実施する途上国政府あるいは企業）の責任であって、JBICはそれが適切に行なわれていることを確認すると述べられていた[4]。しかし融資者であるJBIC自身の、望ましい環境・社会配慮に関する考え方や責任について明確な記述はなく、やはり消極的な印象を受けてしまう。

たとえば世界銀行のセーフガード政策は、業務活動が人々や環境に被害を及ぼさない（"Do No Harm"）ことを確保することを目的としており、IFCも「すべてのIFC事業活動は環境と社会に責任ある仕方で行なわれる（必要がある）」と定めている[5]。アメリカのOPICも「環境ハンドブック」において、「支援するプロジェクトが安定した環境と労働者の権利に関する基準に沿うことを確保する。不適切なあるいは環境や健康、安全性に危険を及ぼすようなプロジェクトへの支援は行わない」と宣言する。

個々のプロジェクト実施における主たる責任が実施主体にあるとしても、そのことは、融資機関が自ら主体的に社会・環境配慮を行なう責任を免除するものではない。環境・社会に配慮した業務活動の実施方針とし

図2　IFC（国際金融公社）の環境・社会関連政策

●基本セーフガード政策

・環境アセスメント（OP4.01）　・情報公開政策

環境政策

・自然生息地（OP4.04）
・森林（OP4.36）
・農業害虫管理（OP4.09）
・国際河川（OP7.50）
・ダム安全（OP4.37）

社会政策

・非自発的移住（OP4.12）
・先住民族（OP4.10）
・文化遺産（OP4.11）
・強制労働及び
　有害な児童労働

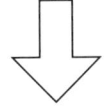

⇩

●環境・社会レビュー手続き

⇧

●ガイドライン

・汚染防止・削減ガイドブック（世界銀行）
・環境・健康・安全ガイドライン（世界銀行）
・コンサルテーション及び情報公開に関する
　グットプラクティス・マニュアル

てガイドラインが機能するためには、まず金融機関自身の環境・社会配慮についての考え方を示し、どういう原則と基準によって事業の環境・社会影響を判断し、JBICとしての意思決定に反映するかを明らかにすることが必要である。

　では環境ガイドラインではどのようなことが原則として確認されるべきだろうか。JBICは基本的環境社会政策を定めていないが、日本政府は、開発と環境に関する多くの国際的な合意事項への支持を表明している。なかでも92年の地球環境サミットで採択された「環境と開発に関するリオ宣言」は、「環境保全が開発過程の不可欠の部分」であるとして開発の持続可能性を確保するための諸原則を確認しており、国際金融業務に携わるJBICにとって重要な指針とされるべきである。

　「持続可能な発展」の原則に加え、人権の保障はぜひともJBICの基本的行動原則として確認されるべきである。プロジェクトによって影響を受ける人々の自己決定権が保障されないまま開発事業が進められることを、実施国だけの責任に帰することはできない。「人間は持続可能な開発の関心の中心」であり、開発過程における公正な権利の保障はもっとも重要な関心事となっている。異なる文化に人権という国際的規範を押し付けることはできないと言う人がいるが、国際的ルールに基づいて金融活動を行なおうとする公的機関にこうした言い訳が通用するだろうか。国際条約では人権の尊重および促進は絶対普遍的な責務とされており、これらの諸条約や宣言に沿った業務活動が確保されなければならない[6]。

　これらの国際的に確立された原則に沿って、JBICは、融資するプロジェクトが現地の人々や環境に受け入れることのできないような被害を与えないよう確保することを基本的業務原則とすべきであろう。

3．案件準備過程における環境社会配慮の要求

――環境配慮を組み込んだ計画準備――

　開発プロジェクトによる人々や環境への悪影響を防ぐためには、計画立案のできるだけ早い段階から国民や地域の人々と協議し、環境になる

べく負荷をかけず技術的・経済的にも有効な方法を選択することが必要である。計画が進行すればするほど問題を解決するためのエネルギーと費用は増大し、とりうる選択肢も限られてしまう。事業者にとっても、問題を放置したり押さえこんで済ませられないのであれば、結局はできるだけ早く環境リスクを把握して対策をとるほうが有効である。まずはこうした認識を事業者も融資機関も持つことが重要だろう。IFCは、早いうちにコストをかけず問題を解決することができる、予期しなかった問題のために余計なコストがかかったり遅れたりする事態を防ぐことができる等、住民等との早い段階での協議と環境配慮が、事業者と融資機関の双方にとってメリットとなる理由を環境ガイドラインでいくつも示して、事業者の自主的な早期取り組みを促している[7]。

　環境・社会影響を考慮した開発計画のために発達した制度が環境アセスメント（環境影響評価）である。OECD開発援助委員会によれば、環境アセスメントとは「提案されているプロジェクトの環境面のプラス、マイナス両面の重要性を調べ、プロジェクトの計画にこうした重要性が考慮されていることを確保するための手続き」とされている。国や自治体など公権力による一律的な環境規制とは異なり、環境アセスメントでは、広く公衆との情報のやり取りを通して、事業者が環境保全の見地からよりよい計画・方策を検討し選択することができる点に重要な意味があるとされる[8]。現在ではほとんどの国で一定規模以上の事業について環境アセスメントによって実施準備を行なうことが法令で定めている[9]。日本国内の開発事業についてもようやく1998年に「環境影響評価法」が制定された。JBICも他の開発機関と同様、影響の大きい案件については実施国の所定の手続きにのっとった環境アセスメントが必要であるとしている。

　しかし、国によっては十分な情報公開制度がともなっていなかったり、実際には影響調査や住民との協議が満足に行なわれていないなど運用に問題のあるケースが多く見られる。実施国の法制度にのっとって行なわれていることは必要条件ではあっても十分条件ではない。ケーススタディーでも指摘されているように、はじめから影響を受ける住民と協議をもち影響調査を行なっていれば問題が防げたであろうと考えられるケー

スは少なくない。JBICは基本的に事業者が作成した計画に資金を貸し付けるだけだが、環境・社会配慮の観点からは、JBICが関与する以前のプロジェクト準備段階の質をどのように確保するかが大きな課題となるのである。そこで、JBICは開発金融機関として事業者に対して一定の水準を満たすような計画準備段階での環境配慮を要求し、それが満たされているかどうかを計画審査で厳しくチェックすることが考えられる。

　これに対し、JBIC自身が世界銀行のようにプロジェクトの形成や管理から深く関わって事業者への働きかけを行なうことはできない、また特に円借款の場合には相手国に対する押し付けとなってしまうという懸念から、高い水準の環境配慮を義務付けることに消極的な意見がある。しかし、適切な計画準備過程は環境・社会の持続性を保証するための不可欠の条件であって妥協すべきものではない。事前準備段階への関与が難しいのであればなおさら、環境審査を強化して問題のあるものを厳しくチェックすることが融資者の最低限の責任として求められる。JBICの環境配慮方針に対する被援助国政府や企業の理解を求める一方で、よりよいプロジェクト準備のために必要なアドバイスや支援を行なうことも、今後JBICとして取り組んでいくことが必要だろう。

　──環境アセスメントにはどういう要素が含まれるべきか──

　OECDや世界銀行等は、環境アセスメントの望ましい実施のためのグッドプラクティスを示している。特に重大な影響の予測されるプロジェクトは、以下の要件を満たしていることが重要である。
- ●早期開始・スコーピング：計画の詳細が決定する前のなるべく早い段階から開始されること。プロジェクトの種類や規模、実施予定地域の自然・社会特徴を勘案し、影響評価の焦点を絞り込む（スコーピング）。現状を把握するための基礎データを収集し、プロジェクトが及ぼす可能性のある影響の性質や規模を見積もる。
- ●検討すべき項目：環境アセスメントにおいて検討されるべき項目は次のものを含む。人間の健康や安全への影響、自然環境への影響、社会的影響（ジェンダーや傷つきやすい社会集団への影響等）、固有の文

化遺産や景観等への影響、国境を越える影響あるいは地球温暖化等より広い範囲への影響。
- ●複数の代替案の比較検討：影響予測をもとに、技術的・経済的にも実行可能な複数の代替案を比較・検討する。代替案の検討にあたっては悪影響の未然防止を最も優先し、それが可能でない場合には影響の最小化、緩和、代償措置（たとえば森林破壊に対する植林等）を検討すべきである。プロジェクトを行なわず現状のままにしておく案（ゼロ・オプション）を併置することは、開発のメリット・デメリットを検討するために意味がある。
- ●意思決定への反映とフォローアップ：環境影響や代替案の検討結果は、環境影響評価書（EIA）に反映され、最終的な意思決定に統合されなければならない。また実施段階で緩和策を適切に実施するための環境管理計画あるいはモニタリング計画の案およびその実行が検討されなければならない。

JBICは、環境アセスメントにおいて上記のような条件が満たされていることをはっきりと事業者に要求し、それを確認するのに十分な内容が報告書に記載されているよう求めることが必要である。また世界銀行では、アセスメントの独立性を保つために、特に影響の大きい案件については、通常プロジェクトと関係のない環境専門家に委託して環境アセスメントを行なうよう求めている。事業者から独立し国際的に認められた環境専門家委員会のアドバイスを得るよう事業者に要求する場合もある[10]。

――情報公開と協議に基づく合意形成――

上記の何にもまして、意思決定過程における情報公開と協議は環境アセスメントのもっとも重要な要素である。プロジェクトに利害・関心を持つ関係者（ステイクホルダー）が意思決定プロセスに参加し合意することではじめて計画は持続可能なものとなりうる。そのためにはすべてのステイクホルダーの自由な参加が保障され、その情報や意見が計画に意味

ある形で反映されることが基礎的な条件となる。すでに計画の詳細が固まってしまってから市民の意見を聞いたところであまり意味はない。プロジェクト情報の文書化と公開によって情報を共有した上で、できるだけ早期からステイクホルダーの意見が取り入れられるようなプロセスが重要である。

世界銀行では特に影響の大きい案件については、①現地の情報公開・協議規定、②主要なステイクホルダー、③実施戦略と予定表、④計画実行のための資源及び責任、⑤公開・協議活動の詳細な記述を含む詳細な協議・情報公開計画書の作成を事業者に求め、定期的に更新するよう求めている。とりわけスコーピングおよび環境影響評価準備書の作成時は外部からの意見・情報が重要な意味を持つので、少なくともこの2段階での情報公開と協議は義務付けられている。

また表現や報道の自由が保障されていない地域や、汚職がはびこっていたり、反対意見が暴力や脅迫で封殺されるような状況下では、市民参加の基礎的な条件が満たされていないのは明らかである。大きな利権の絡む開発事業では反対派が生命の危機にさらされることさえある。しかし実際には、基本的人権の保障に重大な疑念のある国々に対して、もっとも多くの融資が振り向けられてきたのである。開発における基本的人権の保障責任は実施国だけにあるのではない。JBICの政策として、民主的な開発プロセスの確保や汚職の防止を明確に謳って必要な措置をとることが必要だが、JBICおよびすべての事業関係者はいっそうの注意深さと想像力をもって活動する責任を自覚してほしいものである[11]。

——住民および傷つきやすい社会集団のセーフガード——

すべてのステイクホルダーに意思決定プロセスへの参加を保証することは基本的条件であるが、一方でステイクホルダーの間に利害の質、権力、情報や組織を使いこなす能力の差があることを十分に認識しておく必要がある。特に事業から悪影響を受けるかもしれない地域住民等の権利が保障され、予期しない被害から守られるよう、事業者及びJBICは責任を持って一歩踏みこんだ配慮を行なう必要がある。また地域住民は、

地域の特性について熟知しているため事業の影響についてもっともよく推測できる立場にあり、彼らの参加は事業の質を高めるためにも不可欠である。地域の特性をよく把握し、住民に理解可能な方法と形式で情報提供を行ない、その懸念やニーズを把握して計画に反映する必要がある。

地域住民の中には、女性や貧困層、老人、子どもなど、環境の変化に深刻な影響を受けやすく、また法的・文化的な権利が十分に保障されていないため意思決定に参加しにくい集団が存在しているかもしれない。必要に応じてこうした人々への影響は個別に分析し、彼らの意見が聞き取られるような支援を考える必要があるだろう。

また多くの開発事業が先住民族に影響を与えているが、現地の国内法では先住民族としての権利が十分に保障されていない場合がある。ILO169号条約等は、たとえ国内法で認知されていなくとも、土地と天然資源に結びついた固有の文化・社会を守ってきた人々を集団自身の自己認識によって先住民族とみなし、その権利を保護するよう国に求めている。アジア開発銀行や世界銀行等はこうした考え方を取り入れて先住民族政策を策定しており、JBICにおいても先住民族の固有の権利が保護されるような規定を備える必要がある。

――非自発的移住――

開発プロジェクトによる社会影響の中でももっとも深刻な結果をもたらすのは、立ち退きや生計手段の喪失である。過去の事例からは、たとえ金銭その他の補償が行なわれ一時的に生活水準が向上するように見えても、ほとんどの場合には移住者はしだいに自立性を失い、経済的にも社会的にも周辺化されていくことが報告されている[12]。経済的・社会的・文化的な基盤を失うことは、たとえ合意の上であってもあまりに大きな打撃を人に与えるものであり、あらゆる代替案と方法を検討して回避しなければならない。人々の生活の質を悪化させるようなプロジェクトに資金提供するのは、開発協力の基本原則を損なうものであろう。

私たちは原則として、大規模な立ち退きを伴うようなプロジェクトは、たとえ経済的に正当化されるとしてもJBICは支援すべきではないと信じ

る。現状ではすぐにこうした方針を採用することが難しいとしても、少なくとも住民移住及び生計手段の破壊を含む計画への支援は、以下のすべての条件が満たされる場合だけに厳しく制限されるべきである。

(1) 将来のリスクや移住者等の権利も含めて十分な情報提供と説明、協議がなされたうえで、影響を受ける人々の事前の自由な合意が得られていること。脅迫や不正確な説明がないこと。

(2) 実施に係る法的枠組みおよび事業者の責任遵守を監督する当該国の責任機関が明らかにされていること。住民の苦情処理を受け解決を図るメカニズムが設立されること

(3) 影響を最小限にとどめ、被害を十分に補償するために、資金面で裏づけのある移住計画が策定されること。移住計画の作成、実行、モニタリングには影響を受ける人々や地域社会の対等な参加のもとに行なわれること。移住前の社会単位および社会文化制度が維持されるような方法が、住民との協議のもとに検討、支援されること。

(4) 移住者等には、土地や金銭による完全な損失の補償のほか、持続可能な代替生計手段によって自立できるよう長期的・継続的に支援を行なうこと。また家屋やインフラ等の提供、移住費用の支援等も必要である。

4. 環境審査

——環境審査の目的——

事業者から提出される案件の環境審査は、JBICの支援するプロジェクトが環境・社会面から持続可能であることを確保するためにきわめて重要なプロセスである。現状ではJBICは計画準備段階に直接関わることがないため、その審査能力が厳しく問われよう。厳格な審査基準の設置と審査能力・体制の向上、審査手続きの明確化によって、JBICから融資を受けようとする事業者に対し、準備段階からよりよい環境配慮を行なうよう促すことができる。

プロジェクトが人々や環境に受け容れ難い被害を与えず、持続可能で

あることを確保するためには、次のような点について確認する必要がある。予測される社会・環境影響の規模や性質はどのようなものか？　影響を最小限にとどめる適切な緩和策やモニタリング計画が選択されているか？　影響予測や対策検討が行なわれた方法は適切か？　事業者の能力や資金調達等に照らし、緩和策の適切で効果的な実施が期待できるか？

　これらの点について実質的に確認しようとするなら、現地の法令や環境基準を満たしているだけで十分とするわけにはいかない。環境アセスメントのあり方やアセスメントで検討の対象となる事項について、JBIC自身の政策やあるいは参照すべき規準等を示す必要がある。研究会の提言では、特に重要な事項についてのJBICの政策を事業者が必ず満たすべき要求事項として明示し、審査において確認することとした。しかしこれらはごく基本的な事項に限られているため、個別の分野に関するより詳細な事項については、関連する国際条約や、世界銀行等他機関の定める適当な基準やグッドプラクティスを参照することが効果的であろう。また、上記の点について確認するのに十分な質の高い資料が事業者側から提供されるよう、世界銀行のように環境アセスメント報告書の要件を細かく定めておくことが適当である。

──審査プロセスの透明性とアカウンタビリティ──

　JBICの環境審査の基礎となるのは、基本的に事業者から提出されるEIA等の環境情報である。ところが先に紹介した事例のように、重要な環境リスクが見落とされたり軽視されるなど、事業者の調査の質に問題のあることは非常に多い。そもそも事業者はなるべく早く資金を得て事業を進めたいのだから、たとえ手続き上適正な環境アセスメントが行なわれたとしても、リスク情報を見落としたり矮小化するような動機がはたらくのはむしろ当然と言える。事業者が十分な環境情報をJBICに提出するのは当然だが、それだけに頼って判断を行なうことには明らかに問題がある。これまでプロジェクトの問題点を指摘するNGOは、ややもすると「妨害者」「邪魔者」と見なされることがあったが、行政の無謬という神話を捨てて環境リスクをできるだけ把握しようとするならば、むし

ろ積極的に事業者以外から有効な情報を得ることを重視するべきであろう。

　ところでこのようなJBICと外部との情報交換にとって障害となるのは、プロジェクトに関する基礎的情報の欠如である。JBICができるだけ早く問題点を認識し事業者側に対策を求めることができるためには、環境審査のできるだけ早い段階（たとえばJBICスタッフによる現地調査が行なわれる前）で、関心を持つNGO等と情報を共有し協議を持つことが重要である。このためにはプロジェクトに関する基礎的情報、EIA等の環境情報、また初期審査の所見も公開される必要がある。これらの情報は、実施者の利益保護を理由に外部には閉ざされてきたが、審査の透明性を保つことは、多額の公的資金の適正な運用を確保する上でも必要なことである。実際、国際機関やアメリカの輸出信用機関の経験から、少なくとも大きな環境影響が予測されるものについては、企業秘密などを除外して公開することで十分に対応可能なことが明らかになっている。事業の枠組みが固まっていないうちに環境社会上の懸念が十分に対応されるよう、公開はできるだけ早期に行なわれるべきである。融資が決定した後も、融資契約および環境・社会関連契約事項や環境モニタリングレポートを公開し、常に関心を持つ者との情報交流によって環境リスクへの対応ができる仕組みを作るようにすべきだろう。

――環境スクリーニング――

　第1章で説明したように、JBICをはじめ多くの開発金融機関では、詳細な環境情報の審査が必要かどうかを判断するため、予測される環境影響の大きさによって案件を分類する「環境スクリーニング」の手続きを取っている。これは審査の効率化に役立つが、「ふるい」の目を粗くしてはむしろ環境リスクを見落とすことになりかねない。この段階ではリスク判断のスコープを広くし、その後の審査やモニタリングに有効につながるようなカテゴリー分類の基準を設置すべきである。国際金融等業務と円借款業務のスクリーニング基準は基本的に同じものとし、他の国際機関の規準とあわせるのが合理的である。

また２つの点についてに手続きを明確化する必要がある。第一に、カテゴリーの見直し規定を定め、たとえば、いったんカテゴリーBとされた案件でも重大な影響が明らかになったり計画に変更があった場合にはカテゴリーAとして詳細な審査を可能にすることである。第二に、特殊な形態の融資に関する審査手続きを明らかにしておく必要がある。たとえばJBICから別の融資機関に対して、資金の使途を特定せずに貸付を行なうツー・ステップ・ローン等の場合、融資承認段階では環境リスクを正確に把握することができないことがある。世界銀行等ではこうした場合、貸付先の金融機関の環境管理能力を審査しており、必要であればそのためのトレーニングも行なわれる。第6章で紹介したサムット・プラカン汚水処理場プロジェクトの場合も、建設地が決定した段階でJBICが再度カテゴリーを見直し審査をやり直していれば、現在起きているような問題に発展することはなかったのではないか。金融手法が異なっても一定の環境基準が保たれるよう、融資形態に応じて適切な手続きを定め、公表しておく必要がある。

　また、融資機関の中には有害物質の製造・利用や国際条約に反するもの等、支援を与えない種類の案件リストをあらかじめ公開しているものもある。なかでもアメリカのOPICは、「環境や健康、安全性に重大なあるいは非合理的な」悪影響を与えるプロジェクトとして、自然生息地を破壊するような大型ダム、熱帯原生林、国立公園、世界遺産などの保護指定地域やその他国際的に保護すべき地域でのプロジェクト等をあらかじめ融資対象外としているのが注目される。JBICガイドラインでは、これらは慎重な審査を要するものという扱いになっているが、「持続可能な開発」と人権保障という原則から支援禁止カテゴリーの指定も今後検討してよいのではないだろうか。

　——意思決定への審査結果の反映——

　環境審査の結果は、JBICとしての最終的な融資判断（借入人等に対する条件付けを含む）に確実に反映されなければならない。環境・社会影響上問題が大きければ、経済面や外交上その他の理由で望ましいプロジェ

トであっても融資を行なわないことが明確な方針とされる必要がある。当たり前のことのようだが、この点は今まで必ずしも明確にされていなかった。

　そこで気になるのは、政府による円借款供与の事前表明との関係である。第1章で述べたように、ODAは3省庁の協議を経て政府が供与決定し、相手国に事前通報するが、この政府側のプロセスは必ずしもJBICの審査に依存しない。つまり環境審査の結果にかかわらず融資が行なわれることがありうるのである。環境社会配慮の原則そして融資決定のアカウンタビリティの観点から、ODAの供与決定のプロセスはJBICの審査結果を確実に反映するように改められる必要がある。

　また、融資供与を決定した場合にも、環境面に関する条件について事業者と合意し、さらにその条件が確実に実行されるように、融資契約に環境項目を盛り込んでおく必要がある。この中には実施段階における報告義務や、契約不遵守の場合にとられる融資停止等の措置が含まれうるだろう。こうした条項が融資契約に含まれているかどうかは、プロジェクトの実施段階でJBICがどこまで影響力を行使して環境配慮を求めうるかに関わってくる。

5．モニタリング・フォローアップ
―――事業者によるモニタリングと金融機関のプロジェクト管理―――

　実施段階では、事業者はプロジェクトの効果を計画と照らして確認し、必要な場合には計画に修正をほどこすために継続的に監視し評価する。環境・社会セーフガードの観点から行なう「環境モニタリング」では、事前の環境影響予測と照らして緩和策の効果や事前に予測できなかった影響の有無を確認し、必要な場合は検討と対策を講じて計画に反映させなくてはならない。こうしたモニタリング・フォローアップは第一義的に事業者の責任とされるが、開発金融機関もまた融資プロジェクトの適切な実施を確保するために実行状況を監督する責任がある。

　モニタリング計画が環境アセスメント結果とよく対応し環境リスクを

できるだけ早く把握するように事前に準備されていることが重要である。JBICは環境審査で環境モニタリングの計画を確認し、実行段階ではプロジェクトが適切に実施されるよう監督することが求められる。通常は事業者から文書による報告を受けたり、直接現地訪問を行なって確認している。またプロジェクトの適切な実行を確保する上で現地の環境規制を行なう公的機関が果たす役割は大きいので、環境規制の枠組みや政府機関の運用能力を確認しておくことも重要であろう。現地の環境監督機関が責任あるモニタリングを行なうことができない場合には、事業者によるモニタリングの条件付けを行なうようなことが考えられるべきである。環境影響の大きいプロジェクトの事業者には独立機関による環境面の監査を要求する融資機関もある。

　しかしこれまでにNGOが係わったケースを見ても、明らかに問題が発生していたのにJBICの監督が有効に機能しなかったことが非常に多い。他の金融機関にも見られる「承認文化」、つまり環境審査には力を入れてもいったん融資が承認されるとその後のフォローアップは軽視する傾向が指摘できる。金融機関としては、資金貸与以前に環境リスクの発見にエネルギーを注ぐことは合理的でも、融資決定後の案件に細かく関与してリスクやコストを負うのは避けたいということだろう。しかし環境・社会問題は事業が始まって初めて明らかになることが多く、こうした金融リスクの観点からだけプロジェクトマネジメントを考えていては問題を防ぐことはできない。

　公的資金で開発支援を行なう以上、JBICとしての責任において融資プロジェクトの質を管理することはやはり必要である。この観点からは、ODA案件はもちろん、民間投資案件も少なくとも環境影響の大きいものに関しては事業者に環境モニタリングと報告を融資契約において義務付けることが必要だろう。予防原則から言えば審査段階でできるだけ環境リスクを発見することが望ましいが、100%影響防止はできないことを前提として、JBICとして事業の質を維持するためのフォローアップ体制を強化しなければならない。このためには、必要な調査や技術支援を行なうための最低限の資源投入は必要となるだろう。

――――アカウンタブルな実施プロセス・問題解決――――

　事業がすでに始まっている段階で何らかの環境・社会問題が発生した場合の問題解決は多くの場合非常に困難である。事業者が懸念を持つ人々に誠実に対応し、協議の上問題解決をはかることが望ましいが、実際には問題の存在すら合意が得られず、深刻な社会紛争にまで発展してしまうことがままある。現地の公的機関も被害者の救済に有効な役割を果たすことができない場合が多い。融資プロジェクトの被害防止を確保すべき金融機関として、こうした問題への対応はどうあるべきだろうか。

　JBICが融資者として効果的に事業者に改善をはたらきかけることができるためには、まず環境ガイドラインの遵守および具体的な環境・社会配慮の措置の実行をできるだけ具体的に事業者との契約で確保しておくことが重要である。たとえばアメリカのOPICは、事業者の提出した資料が不正確な場合や環境手続きが遵守されていない場合は、契約不履行とみなされる場合があることを明記している。また実施期間中に発生した問題については、改善可能と考えられる場合は事業者とともに努力するが、改善不可能な問題に関しては、契約終結あるいは早期返済や賠償を要求することもある旨を明らかにしている。

　また、情報源を事業者だけに頼らず、住民やNGO等からの情報提供を事業管理に生かして早めに改善を働きかけることが重要である。そのためには、事業者のモニタリングレポートやJBICによる監督状況の情報公開を進め、モニタリングプロセスへの住民参加を促進すべきだろう。融資決定後にもこのようになるべく早期に問題を発見して解決をはたらきかけることが基本的行動原則とされなければならない。

　そのうえでJBICとして、影響を受ける住民やNGO、事業者などすべての主要なステイクホルダーの間で合意できる透明で公正な枠組みとプロセスによって、問題の確認、対策の検討が行なわれることを重視する姿勢を明らかにすべきである。もちろん、実際にそのような形での問題解決が行なわれるのは非常に困難だが、少なくともJBICとして望ましい問題解決プロセスの原則を示すことには意味がある。このような条件を満

たすような独立第三者委員会やステイクホルダー間協議会などの枠組みの設置を働きかけることが考えられるだろう。住民参加を保証する民主的手続きに沿った開発プロセスは、計画策定段階からプロジェクト管理まで一貫した課題として認識されるべきである。

6. ガイドラインの効果的な運用と遵守確保

　環境ガイドラインの強化には、その適切な運用と遵守を確保するための体制強化が伴わなくてはならない。環境ガイドラインは決してあらゆる状況に対応するようなマニュアルでもなければ、問題が生じたときだけ解釈が議論される法律文書でもない。現地社会への悪影響を防ぎ、持続可能な開発という観点から金融機関の能力を向上させる目的のために常に参照されるべき行動指針である。JBICスタッフや事業者が環境・社会配慮の原則を理解して運用し、その経験をさらにガイドラインの強化や組織的能力向上のためにフィードバックする仕組みが必要である。

　そのためには銀行内部でも独立した部署によってチェックを行なう仕組みとともに、外部の目からJBICの意思決定や業績を監視することが欠かせない。環境ガイドラインの重要な目的の一つは、環境配慮の原則と手続きを文書化して公表することにより、外部との情報交流を機関としての意思決定に反映させ、事業実施における社会的責任を確保することである。独立した第三者の立場からJBICの活動を見直し、融資プロジェクトによる環境・社会被害を救済するための外部機構の導入を真剣に検討する時期に来ている。

　　　――組織体制の向上――

　世界銀行では調査や研究に多くの人員を割いているため単純な比較はできないが、同じ投入資金あたりのスタッフ数はJBICのほぼ7倍に及ぶ。これはJBICの効率的な事業管理によるものと考える人もいるが、世界銀行に比べてJBIC事業が誇るべきほどの質を保っているとは言えない以上、少なくとも環境・社会影響を防止するためにはある程度以上の人

的・その他の資源を投入し、体制の強化をはかることが必要だろう。公的資金を投入するからには、最低限の質を保つための努力は不可欠である。

　環境社会専門部署の機能強化はもちろん、現場でプロジェクト管理にあたるスタッフの役割もまた重要である。環境・社会影響を重視したプロジェクト管理のためのトレーニングや、環境配慮を職員の評価システムに導入すること等が検討されてよい。借入者に対しても、事前段階からガイドラインを踏まえた適切な準備を行なうことができるよう、アドバイスや場合によっては技術支援を拡充することも必要であろう。こうした取り組みをいっそう効果的に進めるためにも、ガイドライン遵守状況を全体的に監視する機構を設置して効果や課題を明らかにし、業務活動に反映するための評価システムが必要である。世界銀行では環境局に品質保証部という専門部署を設置しており、個別案件の環境リスク審査にあたるスタッフとは別に、専門のスタッフが問題の発生しそうなものやNGO等から指摘のあったもの等を特に注意してモニターしている。これは問題が深刻化して解決が難しくなる前に、なるべく早く問題を発見して改善を図るのに役立つ。

──独立した異議申し立て機構の設置──

　世界銀行を始めとするいくつかの多国間銀行では、支援プロジェクトに関して不満を持つ被影響住民等から直接異議申し立てを受け、環境政策の遵守を確保するための独立機構が導入されている。

　世界銀行の独立調査パネル（Inspection Panel）は、国際開発金融にかかわる初の紛争解決メカニズムとして1994年に設立された。パネルは3人の専門家からなり、世銀の融資プロジェクトによって直接的に被害を受けた、あるいは受ける恐れのある人々の訴えを受けて独立調査を行ない、セーフガード政策が遵守されているかどうかを理事会に報告する。ただし独立調査に入る前に世界銀行の業務部の回答、理事会の承認を経ねばならず、また調査結果を受けて理事会に勧告を行なうのは世銀業務部である[13]。

世界銀行グループの国際金融公社（IFC）の場合は、当事者の一方が国ではなく民間セクターという事情に対応して、より早く積極的に問題解決をめざして調停にあたるオンブズマンのポストを1999年に設けた。オンブズマンは機関としての政策遵守の判断よりも、むしろ被影響住民等や投資者など当事者間の合意を目指して調停による解決を探る。またIFC業務活動の社会環境面についてIFCにアドバイスを与える役割も負っている[14]。

　地域多国間銀行としてはアジア開発銀行がはじめて、世界銀行のモデルに近い独立調査メカニズムを96年から導入した。本書で紹介したタイのサムットプラカン汚水処理場はその初の判断が待たれるケースとなっている[15]。

　世界銀行の調査パネルの実績については、主に現地の被影響住民にとっての効果的な問題解決という観点からの批判もある。IFCやアジア開発銀行の場合もまだ運用経験が乏しく、さまざまな課題が指摘されているが、現時点でその効果を正しく評価するのは難しい。共通する課題として、投融資部門からは完全に独立を保ち、高いコミュニケーション能力と調査能力を兼ね備えて、被影響住民をはじめとする関係者すべてから信頼を得る必要がある一方、事業者や金融機関業務部が、その活動を警戒心ではなく尊重をもって受け止め、勧告をきちんとフォローアップするような、強力な組織的権限をどのように確保するのか、という問題がある。しかし多くの問題にもかかわらず、これまで20件以上のケースを扱ってきた世界銀行の経験は、独立した異議申し立て機構の設置が、開発金融機関の外部に対するアカウンタビリティを高め、銀行の組織体制や政策強化において大きな意味を持つことを示している[16]。

　JBICがこのような独立機構を導入するには他機関の経験を踏まえてさらに慎重な検討作業が必要だが、環境ガイドラインの遵守という観点だけでなく、現地社会や環境への悪影響を透明で公正なプロセスによって救済することを重視した議論が必要であろう。ここでは包括的な提言を行なうのは難しいが、以下のような点は他機関においても議論となっており、JBICの場合も十分考慮する必要がある。

(1) 独立機構のメンバーおよび事務局スタッフがともに投融資部門から独立性を保ち、また高い能力と見識を備えていること。その選定方法が透明で公正であること。
(2) 申し立てを受けて審査プロセスに入る判断を独立機構自身の決定で行なえるか。また審査期間中、事業の進行を差し止めることができるか。
(3) 独立機構が組織的に付与された強い権限を持って事業に関する情報に自由にアクセスできること。企業秘密等は保守しつつ、レビュープロセスや勧告等を公開して透明性を保つこと。
(4) 申し立て者の利益保護を重視し、匿名性が守られること。
(5) 独立機構の勧告を受けて融資機関が責任あるフォローアップを行なう方法。

7. 今後の課題

　環境ガイドラインの強化は、非合理な環境・社会影響をもたらすプロジェクトへの融資を防ぐために最低限必要であると私たちは考えているが、それだけで問題がなくなるわけではない。上述したような実施上の課題のほかにも、環境ガイドラインの範囲では十分に扱うことのできない多くの課題が残されている。いくつかのケーススタディーでも指摘されていたように、そもそもプロジェクトの形成過程や合理性の判断に根本的な問題がある場合もある。積み残されている課題のすべてをここで述べることはできないが、環境ガイドライン強化の活動を通して見えてきたいくつかの課題を整理しておきたい。

　——環境・社会政策強化の残された課題——

　本書で取り上げたような単独の開発プロジェクトのほかに、政府の財政収支を改善したり、ある産業分野の自由化をはかるための構造調整融資など、一連の経済プログラムを実施するための融資が最近増加している。これらのプログラム融資は、たとえば保健分野の支出を削減したり、

水資源管理を自由化する等の政策によって社会・環境面で非常に大きな影響をもたらしうることが指摘されているが、今回の環境ガイドラインの範囲ではとりあげることはできなかった。政策決定のレベルで環境・社会配慮をどのように統合していくかは国際的にも大きな問題であり、今後さらに重要な課題となるだろう。

　また、環境ガイドラインのなかで取り上げている個別の問題に関しても、JBICのこれまでのパフォーマンスの評価を踏まえた上で、さらに議論を深め、個別の政策やガイドラインを定めることがふさわしいものがある。たとえばダム・水資源開発に関して、非自発的移住に関して、開発におけるジェンダー平等に関して、あるいはプロジェクトに関わる不正の防止等に関して等、それぞれの観点からJBICの融資業務や政策をより詳細に検討し、見直す必要があるだろう。そのためにも、JBIC事業に関する情報公開と独立した評価機能の強化は不可欠である。

——**外交の壁**——

　今回のように環境政策を強化しようとしたり、プロジェクトの環境・社会面に関して何らかの行動をとろうとする場合、とくに円借款プロジェクトの場合に被援助国との外交関係が常に問題になる。環境影響調査や融資契約などの重要な環境・社会影響に関する情報も、外交上の利益を理由に容易に入手や公開がされなかった。今回の改定ガイドラインでは従来よりも明確な環境条件を示し、また情報公開法の施行によって少しずつ情報へのアクセスは拡大しているが、今後も外交の壁は最大の問題の一つとしてとどまるだろう。もっとも見方を変えれば、経済援助は日本にとっても重要な外交・経済戦略の基盤となっており、あまりに厳しい条件をつけて借りてもらえなくなると困るという事情もうかがえる。「豊富な天然資源を持たず、通商・貿易に国家の生存と繁栄の多くを依っている」日本は、開発援助をアジア地域との強力な経済関係を築いてエネルギー資源や市場を確保し、国際社会での発言力を維持するための基本的な手段と見なしてきた。だが安定した資金供与のシステムは、開発課題や経済環境の変化に対応できない硬直した既得権益を生むことにもな

る。こうした構造をどのように変えていけるかが大きな問題である。

——貿易保険は抜け穴になるか——

　JBICの海外民間投資支援に関する環境配慮はガイドライン改定により強化されることになりそうだが、すでに抜け穴が作られそうな気配もある。日本企業の海外投資を支援するもうひとつの公的機関である独立行政法人日本貿易保険（旧・通産省貿易保険課）は環境影響の大きいエネルギー開発や資源開発、インフラ開発分野の多数の案件に対して保険を提供し取引のリスクをカバーしている[17]。OECDにおける輸出信用機関の環境ガイドライン強化の流れを受けて貿易保険も独自の環境ガイドラインを作成しているが、事業者に求める環境基準や情報公開、環境審査等、JBICのものと比べればその内容は明らかに弱い[18]。このままでは民間企業がJBICを避けて貿易保険に流れる可能性が高く、重大な影響を及ぼすプロジェクトが実施されてしまう可能性がある。環境基準の共通化・強化を急ぐ必要がある。

　日本政府は持続可能な発展への支持を表明し、貧困撲滅、環境保全、ジェンダー公正などのあたらしい地球規模の課題についてたびたび言及している。しかし実際には、過去のODA批判にもかかわらず、現地社会や環境への配慮を欠く日本の開発融資は大きく変わっているように思われない。環境・社会への悪影響を防止することから、より根本的な政策のレベルで経済と環境、社会の統合をはかることが求められている。そのためには、これまでの開発支援業務に関する包括的な評価を行ない、具体的な目標を立てて、より積極的な政策の方向転換をはかることが必要であろう。そして繰り返し強調しているように、そのうえでは異なるステイクホルダーの平等な参加が不可欠である。NGOや開発業者など異なる背景の人々が世界中の過去のダム開発の見直しを行ない、政策の転換を提言した世界ダム委員会はそのひとつの事例である。この環境ガイドライン強化の経験もまた、今後よりよい開発支援のあり方に関する開かれた議論を進めるためのひとつの基礎となることを期待したい。

注：
1 World Bank, Pollution Prevention and Abatement Handbook; Occupational Health and Safety Guidelines; Participation Sourcebook, 1996; IFC, Doing Better Business Through Effective Public Consultation and Disclosure, 1998 その他 World Bank Sourcebookなど。
2 IFC技術環境局長Andreas Raczynski氏によるNGO向けセミナー（2000年4月26日）。
3 （財）地球・人間環境フォーラム、2001
4 円借款業務のガイドライン（第2版）は、「開発援助における環境配慮の目的は、開発途上国が自助努力により持続的な開発を達成することを支援することにある。プロジェクトの環境配慮に係る最終的な責任は借入国自身にあるが、国際協力銀行はプロジェクトの審査の際に、借入国側が行なう環境上の所要の措置等について借入国から提出された資料に基づき『IIチェック項目と解説』に示した項目毎に確認を行なう」と述べている。国際金融等業務のガイドラインでは、「本行の環境配慮に対する基本的考え方は、政府金融機関として、本行の出融資等の対象となるプロジェクトについてプロジェクト実施主体者による環境配慮が適切になされていることを確認することにある。……本行は、……手法を適切に活用することにより、環境配慮の確認を効率的に行なうことを目指している」とされている。
5 IFC 環境・社会レビュー手続き。
6 リオ宣言のほか、世界人権宣言、開発に関する権利宣言は一般的な開発に関わる権利保障について確認している。また北京行動綱領やILO169号条約等も、それぞれ女性および先住民族の開発に対する権利に関して重要な原則を示している。
7 IFC Environmental and Social Review Procedure
8 寺田（1999）
9 環境庁環境アセスメント研究会監修、1996年
10 World Bank, BP4.01
11 現在多くの開発機関が開発過程での汚職・不正問題を重視している。
世界銀行http://www.worldbank.org/wbi/governance/; アジア開発銀行http://www.adb.org/Anticorruption/default.asp など。

12　世界ダム委員会最終報告書は、立ち退きに伴う貧困化リスクとして、土地なし、失業、家なし、社会的・経済的・政治の周辺化、食料の不安定、増加する疾病率と死亡率、共有資源のアクセス消失、社会文化的な回復力の消失を挙げている。
13　World Bank, Operational Procedures of Inspection Panel
14　Operational Guidelines of Compliance Advisor/Ombudsman, IFC
15　ADB's Inspection Policy: A Guidebook; http://www.adb.org/Inspection/proj.asp
16　Fox, 2000
17　2000年度実績で、中・長期貿易保険のうち電力セクターが21.5%、石油・ガス38.5%、交通インフラ6.1%を占める。
18　2002年2月17日付貿易保険における環境配慮のためのガイドライン一部改定に対するFoE - Japanのコメント。
(http://www.foejapan.org/aid/jbic01/nexi-comment02172002.htm)

参考資料（調査のため参照した開発機関等の環境政策・ガイドライン）：
●多国間銀行の環境・社会政策
世界銀行The World Bank（IBRD・IDA）
　　環境アセスメント業務政策（OP4.01）　January 1999
　　環境アクションプラン業務政策（OP 4.02）　February 2000
　　非自発的移住業務指令（OD4.30）＊1990
　　先住民族業務指令（OD 4.20）　September 1991
　　モニタリング・評価業務指令（OD 10.70）　November 1989
　　環境アセスメント実施手続き（BP 4.01）　January 1999
　　環境アクションプラン実施手続き（BP 4.02）　February 2000
　　非自発的移住実施手続き（BP4.12）　December 2001*
　　情報公開政策, January 1994 **
　　汚染防止・削減ハンドブック, 1998
　　審査パネル業務手続, August 19, 1994
　　審査パネル年報 1999-2000, June 27, 2001
　　*非自発的移住に関するOD（業務指令）は2001年12月にOP/BP4.12に改定された。
　　**新しい情報公開政策は2001年7月に策定され2002年より施行の予定。
国際金融公社（International Finance Corporation）

環境アセスメント業務政策（OP4.01） October 1998
　　環境・社会レビュー手続きSeptember 1998
　　情報公開政策 September 1998
　　Doing Better Business Through Effective Public Consultation and Disclosure, 1998
　　Operational Guidelines of Compliance Advisor/Ombudsman
　　Compliance Advisor/Ombudsman 2000-01 Annual Report
アジア開発銀行Asian Development Bank（ADB）
　　非自発的移住政策, August 1995
　　先住民族政策, 1999

●二国間援助機関用ガイドライン
経済開発協力機構（OECD）開発援助委員会（DAC）援助と環境ガイドライン

●二国間輸出信用機関
・海外民間投資公社（OPIC）（アメリカ）環境ハンドブック April, 1999
・米国輸出入銀行（US-EXIM）（アメリカ）環境手続き・ガイドライン April 1998
・輸出金融保険公社（EFIC）（オーストラリア）環境政策 December 2000
・輸出開発公社（EDC）（カナダ）環境レビューフレームワーク April 1999

参考文献：
「環境・持続社会」研究センター「ODAにおける環境配慮と持続可能な開発――地球サミット（1992年）以降の主要援助国7カ国における取り組み」、1996年
環境庁環境アセスメント研究会監修、（財）地球・人間環境フォーラム編集『世界の環境アセスメント』、ぎょうせい、1996年
（財）地球・人間環境フォーラム「開発プロジェクトの環境社会配慮―開発途上地域へ融資・投資される方々へ」「平成12年度海外事業における環境配慮方策検討調査」報告書、2001年
寺田達志、（財）自然環境研究センター制作『わかりやすい環境アセスメン

ト』、東京環境工科学園出版部、1999年
原科幸彦『環境アセスメント』、放送大学教育振興会、1994年
鷲見一夫『世界銀行』有斐閣、1994年
日本貿易保険(NEXI)「事業・組織のご案内」2001年
松澤節子「途上国における強制移転政策形成の論点―途上国に特有の諸問題を踏まえて―」国際協力研究 Vol.13,No.2、1997年10月
Bank Information Center, *Toolkits for Activists: A User's Guide to the Multilateral Development Banks*
Jonathan A. Fox, *The World Bank Inspection Panel: Lessons from the First Five Years*, Global Governance 6 (2000)
World Commission on Dams, Dams and Development: A New Framework for Decision-Making, The Report of the World Commission on Dams, November 2000
Glenn Dowell, Stuart Hall and Bernard Yeung, *Do Corporate Global Environmental Standards in Emerging Markets Create or Destroy Market Value?*, Working Paper Number 259 University of Michigan's William Davidson Institute, June 1999
Jakarta Declaration on ECA Reform, May 2000, http://www.eca-watch.org/jakarta_english.html
NGO Recommendations regarding the Environmental Mandate of the OECD Working Party on Export Credits (letter to Ms. Nygren, Chairperson, Working Party on Export Credits and Credit Guarantees, OECD) 26 October, 1999

表 JBIC 新ガイドラインに盛り込まれるべき事項：他機関比較とケーススタディーから

盛り込まれるべき事項	今までのガイドライン	ガイドライン比較から	ケーススタディーから
1. プロジェクトサイクルに沿って明確な環境レビュー手続きを示し、政策手続きガイダンスを作成する（各ステップで作成される環境文書の情報含む）	・一貫した環境レビュー手続きが示され・内部スタッフ、実施主体に対する指針となる情報少ない	・多くの機関が基本的にこのプロジェクトサイクルに対するガイドライン・アカウンタビリティー確保のツールとしてのガイドライン（OPIC）	JBIC 自身の責任において環境配慮に対する指示を明らかにするものの、態度に欠けるほど、特に人権・民主制度への配慮。
2. ガイドラインの目的（ODA／非ODA共通） a) 貧困削減、環境保全を原則とし、b) 支援するプロジェクトがある人々への被害を与えないことを確保する（基本的人権及び裁判を受ける自由の保障状況）、c) 女性の平等な参加を含む社会公正な資金の適切な利用を確保する。d) 日本の公的機関としての資金の適切な利用を確保する。	IFO（旧輪銀）、OECO（旧OECF）とも、環境配慮の責任が借入者にあることを強調、自らは「確認」を行うのみとする。・JBIC 自身の環境社会に関する原則や政策は refer されず（OECO、IFO 双方をカバーする基本原則なし）	いずれの機関も環境社会配慮について積極的な姿勢、政策を明らかにしたうえ、支援プロジェクトの質確保を目的に世銀/IFCは社会環境政策を、世銀グループは民間セクター支援機関が世銀グループとして開発目標と環境政策を共有。（IFC）政策は refer され（世銀/OECO／DAC）のもの。	いずれも自身の環境社会配慮に欠ける、特に人権、民主制度への配慮。
3. 必要に応じて国際的に認められた世銀/IFC、OECD/DAC 等の基準/グッドプラクティスを活用する。	OECO は「オペレーショナル・ガイダンス」「社会配慮ハンドブック」（非公開）を作成。	・OECD/DAC・OPICはIFCの政策を多く参照。	
4. アセスメントのタイミング なるべく早い段階で、十分な民衆参加のもとでアセスメント実施。アセスメントをもとにプロジェクトデザイン等を改善。	アセスメントの要件／グッドプラクティスに関する記述なし。	アセスメントの要件／グッドプラクティスについて世銀/IFC、OPIC はいずれもこの点について明記。	EAのタイミング遅い（事業上決定後）。EA および F/S 段階における住民の参加少ない
5. 環境アセスの範囲 a) 自然環境に人間の健康・安全、社会環境 c) 特に先住民族の社会・文化等の土地に固有のもの（文化遺産含む）e) 国境を越えた/地球環境への影響、社会環境は統合的にはからわれるべき（資源へのアクセスなど）。	IFO・OECO の要件／グッドプラクティスを記述せず（実際にはa,bについてだけ考慮されている）	世銀/IFC の規定がすべての項目をカバー。その他OPIC、OECO／DACのもの。	先住民族の文化・社会に関する調査が不十分（重要なステークホルダーと認識されず）
6. 代替案・緩和策 a) 実施せず を含む代替案を必ず検討する（EIA または F/S において必ず検討されることとする）b) 影響の防止～最小化～軽減～補償	（OECO）F/S において代替案検討、ただしゼロ・オプションなし・代替案・緩和策に関する記述なし。b) については記述なし。	世銀/IFC、OPIC は両項目を要件とする。OECO／DAC(はa)について記述。	代替案・緩和策十分に検討されず……ほぼすべて
7. アセスの独立性 特にカテゴリーAについて外部の独立専門家によるアセスメントを確保。	規定せず。	カテゴリーA は独立専門家によるアセス要求。設置（世銀/IFC）	アセスの独立性保たれず
8. 環境アクションプラン カテゴリーAについては環境アクションプランを作成。EIAの一部として公表。	記述なし。	カテゴリーA は必ず環境アクションプラン作成（世銀/IFC）。カテゴリーAおよびUBには明確なアクションプランまたはその他の文書を要求（OPIC）。	懸念指摘あっても具体的方策不明
9. カテゴリー分類の基準 環境アクセスの分類及びその後の手続きの様な決定するものとし、世銀等のように、スクリーニングでアクセスのレベルに明確な関連をもつ判断する。IFO・OECO 共通のカテA：フルIEIA を要するもの、カテC：EIAいらず、カテB：より軽いEAを要するもの、カテC：EAいらずスト併せ公開している。カテ C・EA いらずも、カテ C の基準より広い、IFO、OECO ともその後の手続きとの関連性不明確（特にプロジェクトの種類ごとのリストを明示）。	IFO、OECO で基準が異なる場合、スクリーニングでアクセスのレベルに明確な関連をもつ判断する。IFO・OECO 共通にし、かつ地域特定範囲広く、またカテCはさまな要件含み広い、IFO、OECO ともその後の手続きとの関連性不明確（特にプロジェクト分類公開情報少ない）。	・US-EXIM は JBIC／IFO とやや近いが世銀、JBIC／OECO、OPIC はいずれもこのなか分類基準あり。・世銀／IFC、US-EXIM、OPIC、ADB、いずれもカテゴリー分類公開情報合せその後のプロセスに対応。	スクリーニング情報明らかでないため不明。

10. 特殊形態ローン/プロジェクト 個別に詳細な手続きを示し、必要であれば個別カテゴリーを設ける a) ツーステップローン(TSL)、b) 商品借款/プログラムローン(アンタイドローン―基本的にはODAと同様に、c) その他プロジェクト、d) リハビリプロジェクトとの協調融資	特に規定なし。	各機関とも必要に応じ特殊形態ローンの手続きを示す。金融仲介やハビリ、民営化等。	サブプロジェクト決定にレビュー行わず、商品借款案件のJBICのレビュー手続き不明
11. カテゴリーの見直し 最終的なカテゴリー決定は環境省の責任で行う。アプレイザル段階でカテゴリーを再確認。プロジェクトの立地、デザイン等に変更、または中途で重要な社会・環境影響が明らかになった場合には環境省に責任でカテゴリーの見直しを行う。	特に規定なし。	問題が後でてがればカテゴリー見直し(US-EXIM)。	
12. 禁止カテゴリー (基本的に政策の問題ではあるが)JBICが支援してはならないプロジェクトの種類を明示することを検討する。たとえば世界遺産、国立公園への悪影響、大型ダム、生物多様性に係るものを禁止。先住民の生活の質を現状より悪化させるもの。(特に先住民の)ライフスタイルや伝統文化遺産を不可逆的に損なうもの。等。	規定なし。 (ただしOECDは自然保護地区や希少な生物、生物多様性に重大な影響を与えるものに支援せず)	OPICは環境や健康に重大・非合理な悪影響を与えるものとして5千人以上の移住、大型ダム、世界遺産、貧困削減、EXIM、IFCは有害物や国際条約に反するものを禁止する等。	(悪影響にもかかわらず実施されるものとの説明なし)
13. EIAのクオリティー確保 フルEIAに含まれるべきを明記する。すでにEA終了している場合は内容確認し必要に応じ追加調査/活動/協議を求める。古すぎるF/S、EIAを使用しない(時のアクセス)、悪質コンサルに対するペナルティー?	EIAの要件に関する記述なし。	各機関とも要件明記し、内容不十分であれば追加情報/ディスカッションを求めることを明記。	・住民との十分な協議記録含まれず ・F/S、EIAが古すぎる
14. 環境・社会専門家のレビューの質と独立性 a. 環境・社会専門家がレビューすること(住民との mtg 含む) b. 現地実査によるレビュー(住民とのmtg含む) c. NGOをはじめとする実施主体外からの情報収集の必要性について明記 d. 累積的・関連する影響について確認する	・現行では必ずしも専門家がレビューせず、専門家が保たれない。 ・現地実査は実施主体からの情報のみに頼り、十分に検討する機会になっていない	・NGO等からのコメントによりプロジェクトの質向上の機会とすることを世銀/IFC、OPIC等述べる。 ・OPICは累積・関連影響の考慮	実施主体からの情報のみに頼り、ステークホルダー認識せず/実施主体は住民に対し不正確/不十分な情報を伝達/関連プロジェクトの影響を考慮せず(TEL)
15. 緩和案、アクションプランを実行するためのコストがプロジェクトコストに含まれる、適切に調達されることを確認	IFCには記述なし。		・環境対策費の計上が不確定
V. 住民に対する情報公開、コンサルテーション			
16. 住民参加に関するグッドプラクティスを明記し、企業に対しても実行を求める。 環境アセスメント(およびF/S)の初期段階で協議を実施、協議に先立ち適切な言語、方法、メディアで情報公開。特にカテゴリーAについてはスコーピング及びドラフトEIA作成の最低2回実施。実施期間中に必要に応じ追加情報公開、コンサルテーション	IFOは説明等、同意を得るためのプラクティスの必要性については言及。	・世銀/IFCは左右を要点として「participation sourcebook」(世銀)「good practice manual」(IFC)等、OPICはIFCのマニュアルを採用。	住民への説明、意味ある参加なし。住民への圧力、EIA等情報にアクセスできない(インドネシア)
17. 環境アセスメント報告書に対する住民・コンサルテーションに含まれる、すでにEA終了している場合は必要に応じ追加情報公開を要求	記述なし。	・世銀/IFCは要求	適切な協議について確認した形跡なし。
18. 住民移転に関する原則を明記する。 ・色々な方法を検討してきるだけ避ける/必ずResettlement Planの策定等を支援する。 ・立ち退きを余儀なくさせる者については同様に生計手段を失うことになる者のに対する補償を原則とする。・Resettlement Planの実行のための資源確保について確認する。	・OECDは代替案の検討、影響緩和策の策定等を要求する。 ・IFOは説明等、同意の必要性については言及。	・世銀/IFCの非自発的移住政策・その他?	ケースに見られる最大の問題点は住民移転にプロジェクトによる雇用創出等を持続せず、移住責任主体による移住による十分な資源なし。

	原則		
19.	知る権利の保障と納税者に対するアカウンタビリティーの観点から、ODAに準じODAとともに可能な限りの情報公開を確保する。	ODAに関し情報公開の促進掲げるが実施に基づく外部コメントによりプロジェクトの質が公開拒否しては進めず	企業の利益を物理的に損ふないれば原則公開(IFC)。外部コメントによりプロジェクトの質向上。情報公開拒否しては進めず(OPIC, US-EXIM)(OPIC)
20.	支援検討リストの公開 非公開ODAとともにできるだけ早い（OECDの場合F/Fミッション派遣の段階で）、少なくともアプレイザルミッションの前までに可能な限りのプロジェクト情報を公開（概要含む）。	IFC, OECDとも公開せず	IFCはプロジェクト情報サマリーを理事会30日前までに公開、OPIC, US-EXIMはカテゴリーにつき名称と立地を公開。	事前にプロジェクトの影響・妥当性について判断する機会を得、ステークホルダーを認識できず。受益者とされたかのみで、受益源泉か事業主体だけかのでJBICはダブルチェックできず。
21.	フィージビリティースタディー（F/S）の公開	一部が2年後以降に公開		・環境の正当性を客観評価する機会もなく、F/Sの正当性・公開・参加がなく、住民の合意や理解なし。
22.	環境情報の公開 ・カテAはEIAを、カテBは環境アクセスレポートを公開。 ・環境アクションプランも公開対象。 ・追加・アップデート情報の順次公開。 ・契約関連文書も社会・環境情報に関わるのは公開。	IFC, OECDとも公開せず	IFCはEIAを理事会60日前までに、環境レビューサマリーを30日前までに公開。OPICはEIAを公開。このうちプロジェクトファイナンスと長期保険は60日前まで。EXIMはEIAの有無を開示。	・EIAにアクセスできず・・・TEL、ルスン
23.	融資決定後の情報モニタリングレポート*I, A, E/Nほか契約文書*入札情報 *プロジェクト情報モニタリング公開される			
24.	十分な環境・社会専門家の配置	社会環境室の最終的なチェックなくとも承認されるようか？		
25.	環境室の文書によるクリアランスなければ理事会にかけられないよう環境室の権限を確立する。		IFCで各段階で環境部の書面による確認、正式なクリアランスなければプロジェクト進行できず。	環境影響が最終決定に影響与えたかどうか不明
26.	実施社会関連事項は契約付属文書でも書かれる場合もある。	環境社会関連事項は契約付属文書でも書かれる場合もある。	OPICは実施主体との契約に環境事項を入れ、違反なければキャンセルする措置を取る。	実施者の責任が不明確（特に移住者への補償について）
27.	モニタリング 評価のベースラインとなるデータの集積、環境室による年間モニタリングレビューあるいは環境調査による確認／合意された環境アクションプランが実行されているか、予期されなかった環境影響も含め確認を合意する。必要な追加措置については、文書による責任を負い、再度実地調査を実施する。		(OPIC) カテAについて、実施主体は最低年1レポートを提出、少なくとも最初の3年、独立第三者機関による監査を求め、契約条件の遵守を証明させる。少なくとも最初の3年に一度実地調査を実施	
28.	人権やまた影響について a）紛争、係争、反対運動b）住民に対する圧力c）汚職（資金の適正利用）・・・環境ガイドラインの範囲外／問題解決		世銀のIFCの問題解決メカニズム(Inspection Panel, CAO)	紛争発生したがアクションとらず。汚職、住民に対する圧力
IX.	政策遵守の確保／問題解決			
29.	遵守状況の評価、改善 3年後にガイドラインの見直しを行う。これをもとにガイドラインの見直し・効果的な遵守メカニズムについて検討を行う。（環境担当理事の設置とする？）		遵守メカニズムとして世銀のCompliance Unit, Inspection Panel, IFCのCAO	問題発生してもプロジェクト進行
X.	その他環境ガイドラインその他			
	汚職防止のガイドライン（適正入札確認、資金の適正利用モニタリング） 商品借款・プログラムローンの透明性・プロジェクト実施モニタリング			
	国会の関与（予算の承認と報告・問題解決メカニズムの設置）			

資料
国際協力銀行の統合環境ガイドラインに係る研究会提言
国際協力銀行の環境ガイドライン統合に関する研究会設置要綱

(2001年9月19日)

資料 国際協力銀行の統合環境ガイドラインに係る研究会提言

1. はじめに

──1.1 研究会の検討経緯──

本研究会は、別紙1の設置要綱により設置され、2000年10月6日の第1回から、2001年7月25日の第16回に渡って、検討を重ねてきた。その記録は、本研究会のウェブページ等で公開しているとおりである。

(研究会のウェブページ＞ http://www.sg-egl-jbic.org/)

──1.2 本報告書の位置づけ──

本報告書は、これらの検討経緯を踏まえて、国際協力銀行の統合した環境配慮ガイドラインのあるべき姿について、研究会としての提言をとりまとめたものである。検討経緯については公開してきているため、本提言は、具体的なガイドラインの構成・文言となるよう焦点を絞って取りまとめたが、一部、検討に幅があると思われたり、解説が必要と思われるところには解説を付している。

──1.3 提言の活用──

本提言は、国際協力銀行の職員、関係政府機関の職員、専門家、NGO、国会議員など多様な考えを持つメンバーが、相互理解を深めつつ、できる限り一致点を見出すよう建設的な検討を行った結果である。このような検討プロセスは、ユニークなものであると同時に、今後、国際協力銀行が透明性を高め、専門的知見を取り入れつつ多様な意見を反映してアカウンタブルな政策決定や評価を行っていく上で貴重な先例となるものと信じる。

今後、国際協力銀行において統合した環境ガイドライン等の作成が行われるに際し、研究会の提言が最大限活かされるよう切望する。

──1.4 OECD輸出信用グループの作業との関係──

輸出信用に関しては、環境配慮に関する世界共通のアプローチの策定を目指し、OECDの輸出信用部会（ECG）が検討しているところである。本研究会は、同部会の作業にはとらわれず検討を行った。同部会には、規模が多様で、環境配慮に関する経験や対応能力も多様な機関が含まれることから、同部会の作業結果として得られる世界共通のアプローチは、現在の国際協力銀行の環境社会配慮と比較しても、より簡便なものとなることが予想される。国際協力銀行においては、OECD/ECGが示す世界共通のアプローチにとどまることなく、本報告書で示したような高い水準のガイドラインを作成すべ

きであり、さらに、ECG全体の水準を引き上げる牽引役となることを期待したい。

── 1.5 国際協力銀行の特性 ──

　研究会では、世界銀行グループが導入している手続や基準を取り入れられないか、かなり検討を行ったが、これら機関と国際協力銀行とでは、組織の目的や位置づけの違いから、案件への関与時期と事業者等への支援の点で大きな違いがあることが認識された。すなわち、これらの機関は、開発援助機関として案件の準備段階から相手国政府や事業者等と密接に関与するとともに、資金面も含めた技術援助（TA）を通じて手厚い環境配慮のための支援を行っている。一方、現在の国際協力銀行では、国際金融等業務では、民間等の事業者が準備を行い、銀行への融資を要請してから銀行の関与が始まるのであり、海外経済協力業務でも、開発案件の準備段階から関わり支援を行うことは難しいという点である。本提言は、このような国際協力銀行と世界銀行グループとの特性の違いを踏まえつつも、できる限り国際的水準といえるようなガイドラインとなるよう検討した結果である。

── 1.6 今後のとりくみ ──

　研究会は、国際協力銀行の環境配慮に深い関心を寄せる者の相互理解の促進、建設的な意見交換に重要な役割を果たしてきた。これらの者は、銀行による統合ガイドラインの策定はもとより、その適切な実施やガイドラインの見直しについても関心を有しているので、研究会としては、何らかの形でこのような場が継続され、意見交換等を続けることを求める。

2. 国際協力銀行の環境ガイドラインのありかた

本研究会としては、国際協力銀行の統合した環境ガイドラインは、基本的に以下のように作成されることが望ましいと考える。
1) これまで様々な国や国際社会で培われてきた、環境社会配慮に関する経験や成果を取り入れつつ作成すべきである。
2) 国際金融等業務及び海外経済協力業務について、業務の性格の違いを踏まえつつも、なるべく統合的に扱えるよう、共通と思われる事項にそって作成することを基本とする。
3) なるべく具体的に、方針、手続、基準を明示すべきである。ただし、これまでに国際的に基準等が策定されており、これに言及することが適切な場合はそのようにする。
4) 借入人や事業者等に義務づけることが困難であるが、勧奨することが望ましいこ

とは、ガイドラインの中でグッドプラクティスとして、できる限り明示すべきである。

3．国際協力銀行の環境ガイドラインの構成と内容

本章では、前章で示した基本的考え方に基づき、本研究会が望ましいと考える、統合した環境ガイドラインの構成及び内容をできる限り具体的に示してみたい。細部については、検討が残されているところがあるが、銀行が研究会の検討の趣旨を踏まえつつ、具体的な策定作業を行うことを期待する。

——3.1 「まえがき」——

「まえがき」において、国際的に認められた環境社会配慮（社会に関する配慮も含む。以下同じ）に関する規範（国際条約等）を引きつつ、ガイドラインの策定にあたっての銀行の姿勢を宣言する部分をおくことが適当である。

まえがきには以下のようなことが記述されるべきである。

「まえがき」
- 国際協力銀行は、国際的に合意され、我が国政府が支持をしている、「持続可能な発展」の考え方、環境に関する原則、条約、協定、並びに、人権の尊重に関する原則、条約、協定に沿って融資等の業務を行う。
- 国際協力銀行は、これを具体的に実施していくための具体的な政策、手続、基準を明らかにするため、本環境ガイドラインを定め、公表し、また、銀行の融資等を受けようとするものに周知し、その実施を図るものである。

融資等と述べているのは、国際協力銀行の輸出信用業務、アンタイドローン、円借款、海外投融資等すべての投融資事業を対象とすることを想定している。

なお、出資については、融資と異なり、国際協力銀行が対象案件の運営に直接参画するものであり、環境社会配慮に関し銀行はより重い責任と役割を有するものと考えられる。出資案件に関する意思決定プロセスは融資のそれと異なるが、本ガイドラインの手続に準じて、環境レビューや情報公開等が行われるべきであり、その旨ガイドラインで明らかにしておくことが必要である。

人権の尊重に関する原則、条約、協定には、世界人権宣言、ウィーン宣言及び行動計画、国際人権規約、国連人権機関の諸勧告、女性差別撤廃条約、北京行動綱領、ILO条約等が相当する。

これらの条約や勧告等においては、性や人種、民族に関わらず、個人及び集団の権利の保障が各国政府の責務であるとされている。人権は相対的な概念であり、実施国が条約を批准していない場合には押し付けになるのではないかという意見があるが、国際人権法においては、人権の尊重および促進は普遍的絶対的な責務であり、国家主権に反し

ないことが確認されている。もちろん、人権は数値基準のように明確に規定できるものではないが、それゆえにJBICが、当該国の人権状況一般に関する十分な情報収集、ならびに融資検討において十分な配慮をはらうことが国際法上要請される。

——3.2　「環境社会配慮の方針」——

　ガイドラインでは、国際協力銀行の環境社会配慮の方針を明らかにすることが必要であろう。

　研究会での議論を踏まえ、具体的には、方針として以下をあげることが望ましい。
「国際協力銀行の環境社会配慮の方針」
- 国際協力銀行は、銀行が融資等を行う事業が環境や地域社会に与える影響を回避または低減し、受け入れることのできないような影響をもたらすことがないよう、さまざまな手段（measures）を活用し、もって持続可能な発展に寄与する。
- 国際協力銀行は、この一環として、銀行が融資等を行う事業が環境社会配慮の観点から満たさねばならない要件を本ガイドラインで明記し、融資等を意思決定するに際し、要件の充足を確認するため、環境レビューを行う。
- 国際協力銀行は、融資等を受けた事業が本ガイドラインで示す環境社会配慮の要件を満たすよう、融資契約等を通じて確保に最大限努力する。
- 国際協力銀行は、融資等の意思決定以降においても、必要に応じ、環境社会配慮が確実に実施されるよう借入人等に対するモニタリングや働きかけを行う。
- 案件の準備・形成の段階から国際協力銀行が関与する場合、適切な環境社会配慮がなされるよう、国際協力銀行は、なるべく早期段階から借入人等に働きかける。
- 国際協力銀行は、このような環境社会配慮を達成するためには、透明性とアカウンタビリティーを確保したプロセス及び、地域住民等の全てのステークホルダーの参加が重要であることに留意する。
- 国際協力銀行は、開発途上国の持続可能な発展を支援するに当たり適切と認める場合には、借入人等の行う環境社会配慮を支援する。
- 国際協力銀行は、環境社会配慮が十分かつ効果的に達成されるよう、常に留意し、その組織体制、実施能力の充実に努める。

　なお、現在の国際金融等業務のガイドラインにあるように、環境案件に対する積極的な取り組みを位置づけるべきという考え方もあるが、研究会では政策内容まで踏み込んだ検討をしておらず、本提言では取り上げていない。

——3.3　「ガイドラインの目的」——

　ガイドラインの目的を明示する必要があると思われる。
　具体的には、以下の2つの要素を目的として明示すべきであろう。

「本ガイドラインの目的」
1) 融資等の対象となる事業の環境社会配慮上の要件やグッドプラクティスを示すことにより、銀行の融資等を受けようとする事業者、借入人等に適切な環境社会配慮の実施を促すこと。
2) 国際協力銀行が、融資等を通じて行う環境社会配慮の手続き（融資決定前、融資決定後を含む）及び、判断に当たっての基準を示すこと。

―― 3.4 「対象事業に求められる環境社会配慮」 ――

環境社会配慮は、第一義的に事業者の責務であることを踏まえ、
1) 国際協力銀行として、対象事業が満たすべき環境社会配慮上の要件（requirement）を具体的に示す。
2) 借入人や、借り入れた資金を使って事業を行う者は、事業がこれらの要件を満たすことを国際協力銀行に示さねばならない
3) 国際協力銀行は、融資等の意思決定を行うに際して、事業がこれらの要件を満たすと判断することが必要である。

とすることが、双方の責任が明確化して望ましい。

また、要件を明確化しておくことで、事業等を検討する者が予め準備をできると思われる。

事業が満たすべき要件や考え方は、基本的なものであり、国際金融等業務と海外経済協力業務の両業務の形態によらず共通であると考えられる。

具体的には、国際的な条約や協定、既存のガイドラインや国際機関等のガイドラインをベースに検討すると、ガイドラインに以下のような記述を設けることが適当である。なお、ガイドラインに掲げることは基本的なものであり、実施に際しては、具体的な手引きや基準等を設けるか、参照できるようにしておくことが必要であろう。

「対象事業に求められる環境社会配慮」
● 国際協力銀行の融資等を受けようとする事業（以下、事業という）に対して、国際協力銀行は、その事業が環境や地域社会に受け入れることのできないような影響をもたらすことがないよう、一般的に、以下に示す考え方に基づき、事業の性質に応じた適切な環境社会配慮が行われていることを要求する。

（基本的事項）
● 事業は、その計画段階で、事業がもたらす環境及び社会への影響について、できる限り早期から、調査・検討を行い、これを回避・低減するような代替案や緩和策を検討し、その結果を事業計画に統合しなければならない。
● このような検討は、社会・環境関連費用・便益をできるだけ定量的に評価し、事業の経済的、財政的、制度的、社会的及び技術的分析との密接な調和が図られなければならない。

●このような環境社会配慮の検討の結果は、代替案や緩和策も含め独立の文書あるいは他の文書の一部として表されていなければならない。特に影響が大きいと思われる案件については、環境アセスメント報告書が作成されなければならない。

（対策の検討）

●事業による望ましくない影響を回避し、最小限に抑え、環境社会配慮上よりよい案を選択するため、複数の代替案が検討されていなければならない。対策の検討にあたっては、まず、影響の回避を優先的に検討し、これが可能でない場合には影響の最小化・軽減措置を検討することとする。代償措置は、回避措置や最小化・軽減措置をとってもなお、影響が避けられない場合に限り検討が行われるものとする。

●計画内容に関する対策とともに、モニタリング計画、環境管理計画など適切なフォローアップの計画や体制、そのための費用およびその調達方法が示されていなければならない。特に影響が大きい案件については、詳細な環境管理のための計画が作成されていなければならない。

（検討する影響のスコープ）

●調査・検討すべき環境及び社会への影響には、大気、水、土壌、廃棄物、事故、水利用、生物相等を通じた、人間の健康と安全への影響及び自然環境への影響、社会的関心事項（非自発的移住、先住民族、文化遺産、景観、ジェンダー、こどもの権利、HIV/AIDSなどの感染症等）、越境または地球規模の環境問題への影響が含まれる。

●調査・検討すべき影響は、事業の直接的、即時的な影響のみならず、合理的と考えられる範囲内で、派生的・二次的な影響、累積的影響も含む。また、事業のライフサイクルに渡る影響を考慮することが望ましい。

（法令、基準、計画等との整合）

●事業は、事業の実施地における政府（国政府及び地方政府を含む）が定めている環境社会配慮に関する法令、基準を遵守しなければならない。また、実施地における政府が定めた環境社会配慮の政策、計画等に沿ったものでなければならない。

●事業は、原則として、政府が法令等により自然保護や文化遺産保護のために特に指定した地域の外で実施されねばならない（ただし、事業が、当該指定地区の保護の増進や回復を主たる目的とする場合はこの限りではない）。また、このような指定地域に重大な影響を及ぼすものであってはならない。

（社会的合意及び社会影響）

●事業は、それが計画されている地域において社会的に適切な方法で合意が得られるよう十分な調整が図られていなければならない。特に、環境や社会に与える影響が大きいと考えられる事業については、事業計画の代替案を検討するような早期の段階から、情報が公開された上で、地域住民等のステークホルダーとの十分な協議を経て、その結果が事業内容に反映されていることが必要である。

●女性、こども、老人、貧困層、少数民族等社会的な弱者については、一般に様々な環境影響や社会的影響を受けやすい一方で、社会における意思決定プロセスへのアクセスが弱いことに留意し、適切な配慮がなされていなければならない。

(非自発的移住)
●非自発的移住及び生計手段の喪失は、あらゆる方法を検討して回避に努めねばならない。このような検討を経ても回避が可能でない場合には、影響を最小化し、損失を補償するために、対象者との合意の上で実効性ある対策が講じられなければならない。

●非自発的移住及び生計手段の喪失の影響を受ける者に対しては十分な補償及び支援が、事業者等により適切な時期に与えられなければならない。十分な補償及び支援とは、生活の質を悪化させないと言う意味にとどまらず、生活の質を向上することも含みうる。これには、土地や金銭による(土地や資産の損失に対する)損失補償、持続可能な代替生計手段等の支援、移住に要する費用等の支援、移住先でのコミュニティー再建のための支援等が含まれる。

●非自発的移住及び生計手段の喪失に係る対策の立案、実施、モニタリングには、影響を受ける人々やコミュニティーの意味ある参加が促進されていなければならない。

(先住民族)
●事業が先住民族に影響を及ぼす場合、先住民族に関する国際的な宣言や条約の考え方に沿って、土地及び資源に関する先住民族の諸権利が尊重されるとともに、十分な情報に基づいて先住民族の合意が得られるよう努めねばならない。

3.4.1 人権の扱いについて

人権についても、要件に含めるべきとの考えがある。銀行の融資等を受ける事業により人権が侵されることは当然あってはならないとの考えは誰しも一致する。

一方、人権は広い基本概念であり、人権の侵害の把握がなされる場合もあるが、その事実関係について確認することに困難な場合もあることに配慮が必要である。

人権の保護に関しては、生命、財産、健康、自由、先住民の権利等に関し、これを脅かさないための様々な法令、基準等があり、また、環境汚染等に関する法規制や基準は生命、健康、財産の保護のためにも策定されているため、これらの法令や基準を遵守することで足りるという考え方もある。

国によっては、先住民族の権利保護などの分野で、このような法令、基準がない場合もあるが、このような場合は、国際的合意や、国際機関等で導入されている先住民族への配慮等の社会配慮に関する基準や政策が参考になろう。

以上のことから、人権を「持続可能な発展(Sustainable Development)」と同様にとらえて、前文に記述し、事業に求められる環境社会配慮には、個別の具体的基準等につ

いて記述するという整理とした。

──3.5 「銀行による環境社会配慮のレビュー」──

銀行による環境社会配慮のレビューの基本的考え方を、なるべく具体的に明らかにしておくことが望ましい。

なお、ここで「環境審査」でなく「環境レビュー」を用語とした理由は、国際金融等業務と海外経済協力業務では「審査」の意味が異なるので混乱を避けるためである。（前者では、審査は融資担当部局からの融資等の提案に対し厳正にリスク評価を行うという意味で使われ、後者では、途上国等の借入人等からの融資等の要請に対し、意思決定を行うという意味で使われる。）

具体的には、以下のような記述が適当である。

「銀行による環境社会配慮のレビュー」
(基本的事項)
- 国際協力銀行は、融資等を行おうとする事業について、その環境社会配慮についてのレビュー（以降、環境レビューという）を行い、その結果を、銀行の融資等の意思決定に反映する。
- 環境レビューでは、1）本ガイドラインに照らし、事前に適切かつ十分な環境社会配慮がなされているか、また、2）事業者や相手国政府の準備状況、経験、実施能力、資金の確保状況、外的不安定要因等に照らし、環境社会配慮が融資等の決定後も適切に実行されうるかどうかを確認する。
- 国際協力銀行は、案件の財務面、経済面、技術面の審査を行う際、環境レビューを密接不可分に行う。
- 国際協力銀行は、環境レビューの結果、環境社会配慮が不十分であると判断した場合は、融資等を実施しないこともありうる。

(環境レビューに要する情報)
- 環境レビューに必要な情報は、基本的に借入人等から提供される必要がある。
- 国際協力銀行は、必要に応じ、借入人等に対し追加的な情報の提供を求める場合がある。
- 国際協力銀行は、借入人等から提供される情報のみならず、相手国政府及びその機関、協調融資を行おうとしている融資機関、地域住民等ステークホルダー、NGO等の第三者から提供される情報の重要性を認識し、これらも活用して環境レビューを行う。
- カテゴリAの案件に関しては、対象国の環境アセスメント制度における地域住民等のステークホルダーの関与、情報公開等の確保の状況についてレビューを行う。
- 国際協力銀行は、必要に応じ事業予定サイトへの実査等により環境情報の確認を行うことがある。特に環境・社会への影響の大きい案件については、必要に応じて環

境・社会に専門性を有する者による現地確認を行う。
●国際協力銀行は、必要に応じ外部専門家等の意見を求めることがある。
●特に影響が重大と思われる案件や、異論の多い案件については、レビューの質とアカウンタビリティを向上するため、専門家からなる委員会を設置し、その意見を求めることができる。

なお、このような委員会については、公開を原則とすべきであることをガイドラインで明記すべきという意見と、公開とするのは不適切であるとの意見があり、研究会での結論は出ていない。なお、これに関し、既にオランダでは、国内事業案件及び開発援助案件ともに（輸出信用案件は対象外）、専門のEIA委員会が公開レビューを実施しており、成果をあげているとの指摘がある。

—— 3.6 「環境レビューの基準」——

国際協力銀行が、環境レビューを行う際の基準について明らかにする必要がある。

相手国の法令等に基づく基準が有る場合、事業がこれを遵守することは当然である。このような基準が無い場合や、ある場合であっても適切でない場合は、我が国のような先進国、国際機関、地域機関等が作成している基準や考え方を参照して、案件ごとに検討すべきと考えられる。このような基本的考え方は、現在のガイドラインでもとられている考え方である、

世界銀行は、このような考え方を基本としつつ、世界銀行自らが望ましいと考える基準や対策水準について、豊富なハンドブック、マニュアル、グッドプラクティス等で明らかにし、推奨している。

国際協力銀行の場合は、自ら基準等を策定するよりも、既存の基準等を活用することを中心することが効率的と考えられる。

借入人等の対応を進めるため、参照すべき国際機関等の基準やグッドプラクティスを例示しておくのが適当と考えられる。このような例示は、知見等の進展にあわせ、見直しや追加ができるように、ガイドラインとは別に定めるのが適当と考えられる。

相手国の民主化や汚職等のガバナンスイシューは、環境社会配慮の直接の対象ではないが、周辺情報として重要であり、留意することを明示することが適当である。

ガイドラインの記述としては、具体的に以下のように示すことが考えられる。

「環境レビューの基準」として示す事項の例
●環境レビューにおいて、本ガイドラインが示す環境社会配慮上の要件を満たしているかどうかを国際協力銀行が確認を行うに際しては、原則として以下のように行う。
●相手国及び当該地方の政府等が定めた環境や社会に関する法令や基準等を遵守しているかどうかを確認し、また、環境や社会に関する政策や計画にそったものであるかどうかを確認する。

- ●さらに、国際協力銀行は、環境社会配慮等に関し、国際機関、地域機関、日本等の先進国が定めている基準やグッドプラクティス等を参照する。
- ●なお、環境レビューにおいては、国際協力銀行は、事業に関する、あるいは事業をとりまくガバナンスが適切な環境社会配慮がなされる上で重要であることに留意する。

各レビュー項目に関して参照すべき国際的諸基準について、研究会で具体的に検討することはしない。銀行は、ガイドラインのドラフト作成時にあわせて案を示すべきと考える。

―― 3.7 「環境レビューの手続き」――

国際協力銀行の環境レビューの手続について、以下の項目についてなるべく明確に述べることが必要と思われる。
1) スクリーニング
2) カテゴリ分類毎の環境レビュー
3) カテゴリAに必要な環境アセスメント報告書の要件
4) 特殊な案件に関する環境レビュー

3.7.1 「スクリーニング」

案件毎の環境レビューの手続と程度を決定するスクリーニングは、
1) 事業の種類や規模等からきまる事業の環境・社会への影響の程度
2) 事業の対象地域の環境・社会上の特性(脆弱性、感受性)
3) 影響予測や対策の困難さ、不確実性等
などを基に、環境・社会への影響の可能性を見積もり、これを基準に行われる必要がある。

これらは、事業固有の性質であり、国際金融等業務、海外経済協力業務の両業務で差異はないことから統一した基準とできよう。

カテゴリ分類において、具体的にどのような要素(影響を受けやすい地域や影響を及ぼしやすい事業種等)を考慮すべきかという点及び典型的な分類事例は、ガイドラインで別表として示すことが必要であろう。別表は、既存のガイドライン、OECDの勧告及びECGの検討、世界銀行等の事例や考え方を参考として作成されるべきである。

スクリーニングは、様々な機関の経験等を踏まえ、具体的に以下のように規定することが適当と考えられる。

「スクリーニング」
- ●国際協力銀行は、案件に関する環境レビューを開始する際に、案件を以下のカテゴリのいずれかに分類(以下、スクリーニングという)する。これ以降の環境レビューは、カテゴリに応じた手続にしたがって実施される。

── 資料　国際協力銀行の統合環境ガイドラインに係る研究会提言 ──

- ●国際協力銀行は、スクリーニングに必要な情報の提出を借入人等に求め、この情報の提供があれば、なるべく早期にスクリーニングを行う。
- ●スクリーニングでは、案件の環境・社会への影響について個別に検討し、事業の規模・種類、事業の環境負荷の性質・内容、事業の実施予定地及び周辺地域の環境及び社会の状況、予測や対策の不確実性を勘案する。
- ●スクリーニングの後でも、配慮すべき環境社会影響が新たに判明した場合など、必要に応じ、国際協力銀行はカテゴリ分類を変更することがありうる。

カテゴリA：環境・社会への重大で望ましくない影響のある可能性を持つような案件はカテゴリAに分類される。また、影響が複雑であったり、先例がなく影響の見積もりが困難であるような場合もカテゴリA案件に分類される。影響は、物理的工事が行われるサイトや施設の領域を越えた範囲に及びうる。カテゴリAには、原則として、影響を及ぼしやすいセクターの案件や、影響を受けやすい地域あるいはその近傍に立地する案件が含まれる。影響を及ぼしやすいセクターや影響を受けやすい地域の例示一覧を別表に示す。

カテゴリB：環境・社会への影響は、カテゴリA案件の案件に比して、小さいと考えられる案件はカテゴリBに分類される。一般的に、影響はサイトそのものにしか及ばず、非可逆的影響は少なく、対応方策は容易に準備できる。

カテゴリC：環境・社会への影響が最小限かあるいは全くない案件は、カテゴリCに分類される。

カテゴリFI：銀行の融資等が、金融仲介者に対して行われ、銀行の融資後に、金融仲介者が具体的なサブプロジェクトの選定や審査を実質的に行う場合であり、かつ、そのようなサブプロジェクトが環境・社会への影響を持つことが想定される場合、カテゴリFIに分類される。ただし、金融仲介者による個々のサブプロジェクトへの融資等について、国際協力銀行が本環境ガイドラインを準用して承諾を行う場合を除く。

（金融仲介者案件について）

　銀行が金融仲介者に融資し、金融仲介者がサブプロジェクトに融資等を行う案件でも、銀行の融資決定時には、実質的にサブプロジェクトが予定されている案件が多い。このような案件では、予定しているサブプロジェクトの内容にしたがってA～Cのカテゴリ分類によりレビューを行うこととなる。また、環境社会への影響が大きいような案件、すなわち、銀行がAカテゴリに分類するような案件が、金融仲介者により、サブプロジェクトに選定・審査されるような場合でも、当該サブプロジェクトへの融資について銀行の承認を得るように条件付ける場合は、銀行が当該サブプロジェクトの承認に際して、本ガイドラインを適用して環境レビューを行うこととすることが適当である。

（銀行の関与が小さい案件について）

現行の国際金融等業務のガイドラインのように、銀行の関与が小さく、銀行の環境審査を他の案件と同様に実施することが合理的・効率的でない案件については、スクリーニング以降の環境レビューを省略する方式もある。
　そのような方式や基準を取り入れる場合、それが環境社会配慮の基本的考え方に照らして、合理的・効率的であるか十分に根拠をもって説明される必要がある。また、環境レビューの過程で、必要に応じカテゴリの変更を行う余地を残すべきである。
　銀行の関与が小さい場合、そもそも環境ガイドラインの対象としないという考え方もあるが、関与が小さくとも影響が大きな案件もある可能性があり、銀行として適切な環境レビューを行う必要があることから、このような考え方は適当でない。
　銀行の関与の程度が小さい場合にスクリーニング以降の環境レビューを省略するカテゴリを設ける場合は以下のような文章が考えられる。
　　カテゴリN：国際金融等業務における融資等の案件のうち、(限定条件を列記)であって、案件に対する銀行の関与が小さく、かつ、銀行が環境レビューを行う意義に乏しいと合理的に考えられる場合、その案件はカテゴリN案件とされる。
(スクリーニングに必要な情報)
　スクリーニングの具体的な考え方及び基準に基づき、スクリーニングに際し、借入人等が提出すべき情報のリストあるいは様式を、ガイドラインで示しておくことが望ましい。

3.7.2　「カテゴリ別の環境レビュー」

　ガイドラインにおけるカテゴリ別の環境レビューは、国際的動向を踏まえ、具体的に、以下のように行うことが適切である。
「カテゴリ別の環境レビュー」
　国際協力銀行は、スクリーニング後、以下のようにカテゴリ分類にしたがって環境レビューを行う。
　　カテゴリA：カテゴリAプロジェクトの環境レビューは、プロジェクトがもたらす可能性のある正及び負の環境・社会影響について、好ましくない影響を回避し、最小化し、緩和し、あるいは代償するために必要な方策、及び環境パフォーマンスを改善するために必要な方策を含めて、評価する。カテゴリAプロジェクトについては、借入人等から、本ガイドラインに示す要件を満たした、事業に関する環境アセスメント報告書が提出されなければならない。環境アセスメント報告書の準備は事業者等の責務である。銀行は、環境アセスメント報告書を用いて、環境レビューを行う。
　　カテゴリB：カテゴリBプロジェクトの環境レビューの範囲は、プロジェクト毎に異なる。カテゴリAのレビューと同様、プロジェクトがもたらす可能性のあ

る正及び負の環境・社会影響について、好ましくない影響を回避し、最小化し、緩和し、あるいは代償するために必要な方策、及び環境パフォーマンスを改善するために必要な方策を含めて、評価する。借入人等から提供される情報に基づき、環境レビューを行う。環境アセスメント手続がなされていた場合は、環境アセスメント報告書を参照することもあるが、必須ではない。

カテゴリC：スクリーニング以降の環境レビューは省略される。

カテゴリFI：国際協力銀行の環境レビューの段階では、金融仲介者の融資等の対象となる事業が具体的に特定できないため、金融仲介者が事業に融資等を行うに際して、事業が国際協力銀行の環境社会配慮上の要件を満たすことを金融仲介者がレビューし、保証しなければならない。国際協力銀行は、金融仲介者がそのような手続、能力、体制をもっていることを確認する。

このような金融仲介の対象として、環境への影響が大きい事業が含まれる場合、金融仲介者が事業に融資等を行おうとする毎に、銀行の承認を得ることとするなど、銀行としての適切な措置についての合意を必要とする場合がある。

カテゴリNを設ける場合は、以下のような記述が適当であろう。

カテゴリN：スクリーニング以降の環境レビューは省略される。

3.7.3「カテゴリAに必要な環境アセスメント報告書の要件」

現在のガイドラインでは、Aカテゴリ案件に求められる環境アセスメント報告書の要件が必ずしも十分示されていないことが指摘されている。

ガイドラインで、世界銀行等を参考として要件を定め、環境レビューでこれを確認することを明らかにすることが適当である。なお、要件は、全てを事業者が必ず満たすべき要求事項とするのではなく、実現可能性等に照らし、一部をグッドプラクティスとすることも考えられる。

研究会では、カテゴリA案件として求めるべき環境アセスメントは、我が国の環境アセスメント制度や世界銀行のように、スコーピング時期とドラフト作成時の2度に渡る公開協議を必要条件とすべきとの意見があった。また、環境管理計画を含むべきとするなど世界銀行が求めるものと同様の内容とすべきとの意見があった。

これに対し、世界銀行等の国際開発金融機関は、案件の準備段階から相手国政府等と深く関わり、技術援助（TA）により環境アセスメントを支援していることに留意すべきであり、一方、国際協力銀行の融資案件への関与は、途上国等において当該国の環境アセスメント制度により環境アセスメントを既に終了している時点であることが多く、

技術援助も極めて限られているため、全ての案件を対象として、相手国制度の要求以上のものを必須条件とすることは現実的ではないとの意見があった。

このような検討を経て、以下の案文では、公開協議は必須であるものとし、スコーピング時期とドラフト作成時の2度にわたる協議等は、望ましい要件とした。

また、このような環境アセスメント報告書への要件については、事前に、途上国等に対し十分な理解を求める期間をおくなどの配慮が必要とであることが強調された。

要件としては以下のようなものが考えられる。

「カテゴリAに必要な環境アセスメント報告書の要件」
- 当該国に環境アセスメントの手続制度があり、当該事業がその対象となる場合、当該事業の環境アセスメント報告書（制度によっては異なる名称の場合もある）は、当該手続を正式に終了し、相手国政府のオーソリティの承認を得たものでなければならない。
- 環境アセスメント報告書は、事業が実施される国の公用語で書かれていなければならない。また、環境アセスメント報告書の概要等は地域の人々が理解できる言語と様式により書面で作成されねばならない。
- 環境アセスメント報告書は、地域住民等も含め、相手国において公開されており、地域住民等のステークホルダーがいつでも入手可能でなければならない。
- 環境アセスメント報告書の作成に当たり、事前に十分な情報が公開されたうえで、地域住民等のステークホルダーと協議が行われていなければならない。なお、地域住民等のステークホルダー等と実質的な協議や合意形成がなされているかどうかについては、協議会記録等に基づき国際協力銀行が環境レビューの中において確認する。
- 地域住民等のステークホルダーとの協議は、案件の準備期間・実施期間を通じて必要に応じて行われるべきであるが、特にスコーピング時とドラフト作成時には住民等と協議が行われていることが望ましい。
- カテゴリA案件の場合は、環境アセスメント報告書を国際協力銀行が公開してよいことが保証されていなければならない。
- 環境アセスメント報告書には、別表に示す事項が記述されていることが望ましい。

環境アセスメントに記載する事項に関する別表とは、例えば、世界銀行が示しているようなもの（別添1）であり、OECDや世界銀行等の経験を踏まえて作成し、明示することが重要である。

3.7.4「既存の環境アセスメント報告書の扱い」

「既存の環境アセスメント報告書の扱い」
先に述べたように、国際協力銀行は、その業務の性格上、事業への関与は融資要請が

なされてからであることが多く、事業形成に積極的に関わることはまれなため、銀行が関わった時点では既に何らかの環境アセスメント報告書が作成されていることが考えられる。

このような場合は、既存の環境アセスメント報告書を活用することが効率的であるが、当該環境アセスメント報告書は、ガイドライン上の要求事項が満たされていないことも想定される。このような場合、別途提出される文章等で補うなどの柔軟な措置が必要と考えられる。

3.7.5「特殊な案件に関する環境レビュー」

研究会で議論された、
- 複数フェーズに分かれている案件
- 他の金融機関等との協調融資案件
- エンジニアリングサービス借款等

に関しては、特別の扱いが必要と考えられるため、「特殊な案件に関する環境レビュー」として、以下のように、ガイドラインに位置づけることも一案である。

「特殊な案件に関する環境レビュー」
- 複数フェーズに分かれている事業の場合、累積的影響を考慮して、最初のフェーズに関する環境レビューは、事業計画全体の環境影響を想定して、環境社会配慮を行うことが望ましい。これに続くフェーズの場合、最初のフェーズの情報を活用しつつも、フェーズ毎に環境レビューを行う。
- 他の金融機関等と協調融資を行う案件については、その金融機関等との環境社会配慮に関する情報の交換を行い、これを参考とする。
- 調査・設計等に対する円借款であるエンジニアリングサービス借款（ES借款）については、カテゴリBとして環境レビューを行うが、その際、ES借款の結果作成される計画等に基づく事業の影響についても合理的に可能な範囲でレビューすることとする。また、ES借款の結果作成される計画等に基づく事業に十分な環境社会配慮が必要な場合、ES借款を得ようとする調査・設計等に、環境社会配慮が統合されなければならない。

── 3.8 「情報公開と協議」──

3.8.1 情報公開と協議の基本的考え方

国際協力銀行の情報公開と協議に関する基本的考え方を明らかにしておくことが有用と思われる。

国際協力銀行では、情報公開法に準じ、近い将来、開示請求に対する応答として情報開示の手続が導入される見込みである。また、円借款においては、国によっては要請案

件の概要というべきロングリストの公開が進められており、さらに、融資決定案件の概要についても融資契約（L/A）締結後に事前評価情報として公開されることとなった。

これを前提としつつ、開示請求に基づく情報公開とは別に、環境社会配慮のためには、環境レビューや案件監理のプロセスの一環として、国際協力銀行が能動的かつタイムリーに情報を公開する手続が必要である。

すなわち、国際協力銀行のアカウンタビリティを確保するとともに、第三者等からの有益な情報提供を求め、多様な意見をもとに融資等に関する適切な判断を行うことにより、環境社会配慮の十全性を確保することが期待されるからである。また、このような情報公開は、事業の社会的合意の確保に関し、事業者、相手国政府、地域住民等の見解が相違している場合に、異議申し立ての機会を提供することにもなる。

なお、このような国際協力銀行の情報公開に関して、途上国等に対し十分な理解を求める期間をおくなどの配慮が必要と考えられる。

具体的には、以下のような基本的考え方が適当と考えられる。

「情報公開と協議に関する基本的考え方」
- 国際協力銀行は、環境レビュー及び案件の監理において様々な意見・情報を考慮に入れるため、関係機関、NGO、地域住民、その他の人々からの情報提供を歓迎する。
- これらの第三者からの情報提供が早期に行われることを促進するとともに、環境レビューのアカウンタビリティ及び透明性を確保するため、環境レビューに関し重要な情報は、環境レビュー期間中に際し、適切な手続と機会を設けて公開する。
- 国際協力銀行は、必要に応じ、関係機関、NGO、地域住民等の意見を求めることがある。
- 以上に規定するほか、第三者に対し、求めに応じて国際協力銀行は可能な範囲で環境社会配慮に関する情報の提供を行う。

3.8.2 情報公開の時期と内容

第三者からの情報提供の促進に資するよう、情報を公開する時期と提供する内容をガイドラインで明示しておくことが適当である。

環境レビューに資するよう、1）なるべく早期に外部から情報を得るため、環境レビューを開始した案件の概要を公開する機会を設けるとともに、2）なるべく具体的な環境社会配慮に関する情報を公開する機会を設けることが適当である。

さらに、事業開始後の情報提供を促進するため、銀行の意思決定への環境社会配慮の反映結果を公開する機会を設けることが適当である。また、この機会は、外部からの情報提供に対するフィードバックともなる。

開始時期は、あまりに早期であると、審査しない可能性の案件も含まれたり、情報が具体的な形をとっていないことから実際的ではないため、ここではスクリーニング後とした。具体的には、現在の銀行の業務実態、第三者等から情報が提供される実効性、業

務の効率性の観点から検討し、以下のような規定とすることが適当と考えられる。
　なお、情報提供に基づく協議については、特に期限や手続を定めずとも国際協力銀行で、アドホックに対応することが可能であろうから、特段の記述は検討していないが、国際協力銀行が、情報提供に基づく協議等に誠実に対応すべきことは当然である。

「情報公開の時期と内容」
- ●国際協力銀行は、融資等に係る意思決定を行うに先立ち、以下の時期及び内容で情報を公開する。この情報公開は、意思決定に先立ち十分な時間的余裕を確保して行うよう努める。
  - ▷国際協力銀行は、カテゴリ分類を終了したときはできるだけ速やかに、案件の概要に関する情報（名称、場所、実施者、事業概要、資金規模、想定される融資等の種類、想定される主要な環境影響などカテゴリ分類の根拠となった情報）及びカテゴリ分類の結果を公開する。
  - ▷カテゴリA案件については、借入人等から環境アセスメント報告書及び相手国政府等の環境応諾証明書等の提出があったときには、速やかにこれらの報告書等を公開する。
  - ▷カテゴリB案件については、借入人等から環境社会配慮に関する主要な文書が提出されたときは、速やかにこれを公開する。
- ●環境レビューの結果が意思決定に反映されていることを示す文書（例えば円借款における事前評価書あるいはこれに類するような文書）を融資契約締結後に公開する。

　なお、これら、環境アセスメント報告書や環境社会配慮に関する主要な文書等については、第三者等の情報提供を促し、これを勘案する余裕を確保するため、国際協力銀行が役員会等で融資等の意思決定を行う前に十分な期間を確保して公開することが重要である。他の機関等の規定（理事会等の意思決定に先だって、IBRD、IDAでは120日前、IFCでは少なくとも60日前、融資契約に先立って、カナダEDC及び豪州EFICでは45日前に環境アセスメント書等を公開し協議を行っている）を勘案し、国際協力銀行は、例えば、少なくとも意思決定（役員会決定）の45日前までに公開するなど、期間をガイドラインで明示すべきである。

　商業上の秘密に係る情報が、借入人等から提出される情報に含まれる可能性があるが、これをもって当該情報を公開しないのは適当ではない。例えば、既に米国輸銀で実績があるように、環境に関する情報書類は公開を前提として商業上の秘密に関する情報を予め除いた上で提出するよう、借入人等に要求するなどの方法により情報の公開を行うという方法がある。

——3.9　「意思決定、融資契約等への反映」——

3.9.1　意思決定、融資契約等への反映の基本的考え方

銀行の意思決定、融資契約等への反映について基本的な考え方を明確化することが適当である。モニタリングのところで述べるように、特に融資契約等には、借入人や事業者等に課す条件や、貸し方の権利行使として環境社会配慮に関する銀行の関与を位置づけるという、借入人等の環境社会配慮の担保に極めて重要な役割を果たすことから、ガイドラインで具体的な考え方を示すことが望ましい。

なお、融資契約等の内容は借入人等と国際協力銀行の交渉の結果として得られるものであり、ガイドラインで予め内容を規定しておくことは困難であることに留意が必要である。

ガイドラインで、具体的に以下のような記述をおくことが適当である。
「意思決定、融資契約等への反映」
● 国際協力銀行は、環境レビューの結果をその融資等の意思決定に反映する。国際協力銀行は、案件の環境社会配慮が適切ではないために、事業が環境・社会に望ましくない影響を与えると考える場合、融資等を行わないと意思決定することもあり得る。
● 環境社会配慮を確実に借入人や事業実施者等が実施するために必要な場合、融資契約あるいはこれに付随する文書に環境社会配慮上の条件を明記する。
● このような条件としては、以下のようなものを含みうる。
  ▷ 借入人等が行う環境社会配慮についての対策やモニタリング、これらについての国際協力銀行への報告、環境社会配慮に関する問題が生じたときの国際協力銀行、借入人等、住民等の間での問題解決方法等。
  ▷ 予見せざる原因等により、環境社会配慮上の要件が達成できないおそれがある場合について国際協力銀行に報告すること。
  ▷ 環境社会配慮に関し、借入人以外の者の役割が重要である場合は、これらの者も含めて取り決め等を結ぶこと。
  ▷ 融資実施後に、この条件が満たされないことが明らかになった場合、または、借入人や事業実施者が本ガイドラインの要求事項を満たしていないと銀行が考えた場合、あるいは、借入人等が環境レビューに際して正しい情報を提供していなかったことが明らかになった場合に、国際協力銀行は、融資の停止あるいは破棄を行うことがあること。

なお、上の第1文の末尾を「融資しないこともあり得る」としたのは、銀行の最終意思決定は法的に総裁の権限であることから、ガイドラインでは「融資しない」との直接話法がとれないためであって、このような状況下で融資するという意思決定を行うことは想定していない。

3.9.2　プレッジとの関係について

研究会で議論のあった、プレッジと国際協力銀行の意思決定について整理しておきた

い。円借款等においては、国際協力銀行の意思決定とは別に、日本政府による相手国政府への事前通報（プレッジ）が行われる。

プレッジは、条件が整った場合には借款を行うという政治的意図表明であり、法的なコミットメントではない。しかし、仮にプレッジを行った後で、国際協力銀行が異なる意思決定を行うことは、一般的に相手国や借入人等との関係から適切とはいえない。したがって、国際協力銀行の環境レビューの独立性を確保するため、プレッジは、環境レビューを経た上で行われるべきである。

―― 3.10　モニタリング及びフォローアップ ――

3.10.1　モニタリングの意義

モニタリング及びフォローアップの主要な目的は、事業開始後において、予め予測が困難であった事態の発生の有無、事前に計画された緩和策の実施状況及び効果を確認し、その確認の結果に基づき、事業へ適切なフィードバックを行い、適切な対策がとられるようにすることである（以降、フォローアップも含めてモニタリングという）

また、モニタリングによって得られた経験によって、将来の環境社会配慮や計画の質の向上に資することが期待できる。

3.10.2　事業者等によるモニタリング

このようなモニタリングは、事業者が、その責務として、事業の一環として計画的に取り組むことが重要である。このため、銀行は、その事業者等によるモニタリングが必要であると考える場合には、環境レビューにおいてこれを確認するとともに、これを条件として融資等を行うことが有効であろう。

3.10.3　銀行によるモニタリング

必要に応じて、環境社会配慮の達成状況や事業実施者の取り組み状況等事業者が行ったモニタリングの結果について、銀行がモニタリングを行い、銀行としての対応を検討し、実施することも重要である。銀行によるモニタリングは、借入人等から特別な報告を求めること、銀行が自ら調査を実施することなど様々なものを含みうる。

一方、すべての案件について銀行がモニタリングを行うことは、効率的でも現実的でもない。

したがって、環境レビューにおいて、事業者等が環境社会配慮を確実に実施しているかどうか確認するために、銀行としても事業者等に対するモニタリングを行うことが重要であると考えられる場合には、銀行と借入人等とで、その方法について合意し、これを条件として融資等を行うことが有効であろう。

一般的にモニタリングが必要と考えられる案件について、その程度毎に、具体的内容

と体制、及び銀行の関与について、グッドプラクティスで例示しておくことも有益であろう。

3.10.4 銀行による調査と対応

事業者からの報告、他からの情報提供等の情報に基づき、銀行が環境社会配慮の実施状況について確認し、銀行は借入人等に対し、銀行が調査を行うことに対する協力を求めることがありうる。このようなケースを明記することが必要である。なお、予め合意がない場合は協力の要請にとどまることに留意する必要がある。

これらの情報、この要請に対する借入人等の対応、あるいは、銀行が行った調査の結果に基づいて、環境社会配慮に関し事態の改善が必要であると判断した場合には、銀行は借入人等に対し、適切な対応を求めたり、貸し出しの停止等の銀行側の措置を検討することがありうることも明確にしておく必要があろう。

3.10.5 紛争等への対応

事業を開始してから、予見されていなかった影響が生じたり、事業者や相手国政府等と地域住民等の間で、意見の対立や紛争が生じ、当事者同士での解決が困難な場合（以下紛争等という）への対処方法が大きな課題と認識されている。

第一義的には、特に大規模な非自発的移住を伴うケースなど、このような状態を想定して備えておく方が望ましい場合には、予め当事者間で調整や紛争解決のメカニズムを策定し、合意しておくことが重要であり、そのような事例も見られるところである。

一方、このような予見が銀行の環境レビュー段階では得られなかった場合に、不幸にしてこのような状態に至り、銀行としても看過し得ない場合には、銀行として調査等を行い、関係者に働きかけを行うこととなる。

このような働きかけの実効性を確保するため、このような場合に、国際協力銀行が貸し方の権利行使として、調査を行い、その結果に応じて融資の停止等を含む必要な措置がとれることが重要である。このためにも、必要な場合には、先にのべた銀行も含めたモニタリングとフォローアップの方法を融資等の条件としておくことが重要である。

なお、調査等が行われる間、融資の一時停止等の措置をとることができれば、調査の実効性を確保する上で有益であると考えられる。これについては、借入人等が被るかもしれない損失及びその損失を誰が負担するのかについても考慮が必要であろう。

3.10.6 モニタリングとフォローアップの記述

以上を踏まえ、ガイドラインでは、モニタリングとフォローアップについて、以下のような記述をおくことが重要である。

「モニタリングとフォローアップ」
（事業者等によるモニタリングとフォローアップ）

- 事業開始後において、事業者等が、予め予測が困難であった事態の発生の有無や、事前に計画された緩和策の実施状況及び効果等を把握し、その結果に基づき適切な対策をとること（以下、フォローアップも含め単にモニタリングという）が重要であることを銀行は認識する。
- 効果を把握しつつ緩和対策を実施すべき案件など、事業者等による十分なモニタリングが適切な環境社会配慮に不可欠であると考えられる場合は、事業計画にモニタリング計画が含まれていること、及び、その計画の実行可能性を銀行は環境レビューで確認する。
- カテゴリA、または、カテゴリBに分類される案件であって、借入人等から事業の進捗状況や完了に関する報告書等が提出される場合には、これらの報告書に環境社会配慮に関する事項（生じた影響及びその程度、予め計画された対策及び実施された対策、対策の結果に関する評価など）が述べられていなければならない。
- 事業者によるモニタリング結果は、地域住民等ステークホルダーに公開されていることが望ましい。

（銀行によるモニタリングとフォローアップ）
- 事業者等が環境社会配慮を確実に実施しているかを確認するために、カテゴリA案件などのように銀行としてもモニタリングを行うことが重要であると考えられる場合には、銀行と借入人等とで、モニタリングの方法について合意し、これを融資等の条件とするよう努める。なお、銀行によるモニタリングは、借入人等から特別な報告を求めること、銀行が自ら調査を実施することなど様々なものを含む。
- 第三者等から、環境社会配慮が十分ではないなどの具体的な指摘があった場合には、国際協力銀行は、その指摘を借入人に伝達するとともに、必要に応じて、借入人等を通じ事業者等による適切な対応を促す。事業者等が対応するに当たっては、透明でアカウンタブルなプロセスにより、問題の客観的な精査、対応策の検討、事業計画への反映がなされることの重要性を銀行は認識する。具体的には、住民やNGO、事業者等を含むすべての主要なステイクホルダーが参加して対策を協議・検討するための場が十分な情報公開のもとに設けられ、問題解決に向けた手順が合意されることが重要である。
- 融資実施後、事業者等からの報告、銀行によるモニタリング等の結果、他からの情報提供等の情報に基づき、必要に応じ、銀行が環境社会配慮の実施状況等について確認するため、銀行は借入人等に対し、銀行が調査を行うことに対する協力を要請することがある。
- これらの情報、この要請に対する借入人等の対応、あるいは、銀行が行った調査の結果に基づいて、環境社会配慮に関し事態の改善が必要であると判断した場合には、予め締結された貸付契約に基づき、銀行は借入人等に対し、適切な対応を要求すること、あるいは、融資の停止等の銀行側の措置を検討することがある。

── 3.11 ガイドラインの見直し ──

　環境社会配慮に関するガイドラインは、固定的なものとすべきではなく、銀行の実施経験等の様々な知見や経験の進展、国際的な動向を踏まえ、改訂することが必要である。一方で、銀行の融資等を受けようとする者の準備に要する時間と資源を考慮し、一定程度の安定性も必要である。
　このバランスを考えつつ、定期的に見直しを行い、結果に応じて改訂を行うこととし、例えば以下のようにガイドラインに明示しておくことが必要である。
　「ガイドラインの実施状況のレビュー及び改訂」
　　国際協力銀行は、本ガイドラインの実施状況についてのレビューを行い、これに基づき、ガイドラインが施行されて5年以内に包括的なレビューを行って、その結果、必要に応じて改訂を行う。改訂に当たっては、関係機関、専門家、NGO等の意見を聞きつつ、透明性を確保して行う。

4. 環境配慮ガイドラインの適切な実施・遵守の確保
── 4.1　適切な実施・遵守の確保のための方策 ──

　国際協力銀行として、ガイドラインに示された方針や手続を適切に実施し、ガイドラインの遵守を確保する方策が重要である。基本的には、チェックアンドバランスと専門性の発揮という観点を踏まえて、銀行の組織・体制を全般的に充実することが重要であり、4.2において考え方を整理したい。
　ここでは、ガイドラインに関する国際協力銀行の遵守の確保に関して、特に重要と思われる仕組みについての検討を行ったので以下に記述する。

遵守の確保等に係る専門部署の設置
　環境ガイドラインの遵守の確保や実施状況の評価に関しては、業務全般に係る政策評価やコンプライアンスの確保等についての実施方策、並びに、必要な組織・体制等と密接に関係するものであろう。銀行が、このような組織・体制を検討し整備するに際しては、環境配慮に関する遵守の確保及び実施状況の評価について対象とするとともに、専門性、独立性、公平性、透明性を確保したものとするべきである。

遵守の確保のための外部組織
　具体的な事案において、事業を開始してから紛争等が生じた場合については、実際に生じた問題への具体的対応という観点と、当該問題における国際協力銀行によるガイドラインの遵守如何という観点とがある。前者の観点では、紛争等にどう対処するかについては、モニタリングとフォローアップの項に対応方法を整理した。
　後者の銀行における遵守の確保の観点では、国際協力銀行自らが遵守の確保に努めるのみならず、外部委員会等の組織を設置することが有効ではないかと考えられる。

すなわち、既に国際融資機関で実績のあるように、融資機関の不遵守に関する異議申し立てに対応して、調査を行い、融資機関に対し、調査の実施、追加的対策の実施、融資の停止等のとるべき措置の勧告を行うような外部委員会が設置できれば有効であろう。

したがって、国際協力銀行においては、以下の機能を果たす外部委員会等の組織を置くべきである。

1) 公正・中立な立場から、遵守に関する異議申し立てを受け付け、専門性を持って必要な調査を行い、その結果に基づき銀行に対して勧告を行う。
2) 受け付けた異議申し立て、調査の結果、銀行に対する勧告を公表する。

このような委員会への信頼を高め、有効な問題解決が行われるためには、メンバーの選定や活動の結果についての透明性が保たれることが重要である。

4.2 実施のための組織・体制・能力形成

4.2.1 組織・体制

目的等が異なるため、一律に比較することは必ずしも妥当ではないものの、国際協力銀行内の環境社会配慮に関する組織・専門家・人員は、世界銀行等の国際援助機関に比較して、必ずしも十分とは言えない。一方で、予算や人員の制約の中での効率性にも考慮が必要である。

世界銀行はネットワークシステムをとっており、地域部局（事業を推進する部局）と環境局の双方に、環境社会配慮の専門家を配属し、チェックアンドバランスを十全なものとするとともに、借入人や事業者に対する働きかけや支援を密接なものとしている。また、環境部局においては、品質管理を行う部署があり、世界銀行全体の環境配慮の質をチェックし、水準の維持・改善に役割を果たしている。

環境社会配慮に関する専門部局のみならず、事業部局においても、環境社会配慮に関する適切な知識等が必要である。研修等の実施により能力形成を図ることが重要である。

このようなことを踏まえつつ、国際協力銀行は、環境社会配慮に関し、今後さらに組織・体制の充実を図るとともに、能力形成に努める必要がある。

また、体制・組織等を補い、環境社会配慮の充実を図るため、国際協力銀行の環境社会配慮の審査、モニタリング、借入人等に対する支援、グッドプラクティスやハンドブックの充実等において、これまで以上に、外部の専門家やコンサルティングファームに調査を委託し、その成果を活用することが必要であり、そのための予算措置が望まれる。

以上のようなことのうち、基本的な考えかたについては、ガイドラインに明記しておくことが重要である。

4.2.2 環境社会開発室の役割等

現在、国際協力銀行には環境社会開発室が設けられている。その前身である、日本輸出入銀行の環境室は、審査部におかれた環境面の審査を行う組織であり、海外経済協力基金の環境社会開発室は、開発企画部におかれた案件の審査や形成の支援をもっぱら行う組織であった。

このような経緯から、現在も、国際金融等業務案件と海外経済協力業務案件では、環境社会開発室の役割が、前者では環境配慮に特に注意を要する案件の環境審査、後者は全審査案件の環境配慮の支援や質の監理と、大きく異なっている。このため、研究会では、環境社会開発室の役割について議論を行ったものの、具体的な役割内容まで踏み込んではいない。

ここでは、研究会での検討を踏まえ、今後の国際協力銀行での検討の参考にすべく、以下に基本的な考え方のみを示す。

（基本的考え方）

国際協力銀行においては、環境配慮を十分に行うため、環境社会配慮に関する専門性の発揮、経験・技術の蓄積、チェックアンドバランスの観点を踏まえた適切な意思形成の観点から、以下のような機能に関し、専門性と独立性を保ちつつ責任及び役割を分担する、十分な組織・体制をとることが望ましい。

1) 融資業務担当課における環境社会配慮面を担当する機能： 案件の環境社会配慮の必要性や関与について、第一線部局としてスクリーニングし、他の専門部局との連携をとることが期待される。
2) 環境社会配慮に専門性を持ち、案件の環境社会配慮面を審査し、リスク評価を行う機能： リスクの適切な評価という観点から審査を厳正に行う。（案件の環境配慮の改善等、借入人等への働きかけは、融資業務担当部局が行う。）
3) 環境社会配慮に専門性を持ち、案件の環境社会配慮について改善するよう、借入人等や融資業務担当部局を支援する機能： 開発途上地域で事業が行われるような場合に、相手国や事業者の対処能力等への支援を行う。
4) 銀行の環境社会配慮について、その実施状況を全体として把握し、品質管理を行う専門組織： 銀行の環境配慮に関し、環境ガイドラインその他の基準や手続の遵守・徹底を図るための機能。銀行の環境社会配慮手続の見直しや銀行の環境社会配慮の実施能力の形成・向上にも関わる。定期的にガイドラインの遵守状況及び実施上の課題についてとりまとめ、総裁あるいは担当理事に報告する。

このほか、融資等に関する銀行の意思決定には、環境社会配慮面の審査について責任を持つ組織の承認を必要とすることとし、役員レベルで環境社会配慮面に責任を有する

ものをおくべきである。

また、案件のカテゴリ分類は、融資等業務を担当する組織の検討結果について、環境社会配慮を専門とする組織が、確認することにより決定することが望ましい。これにより、同組織が早期に専門的知見を発揮するとともに、その後の環境レビューにおける自らの関与や外部リソースの活用を検討する機会を設けることができよう。

4.2.3 経験等の共有と蓄積、グッドプラクティス等の充実

国際協力銀行は、環境社会配慮に関し、銀行内で経験等の蓄積を図るとともに、銀行の内外での共有に努めるべきである。

また、ガイドライン実施の際の参考となるような、事例集、グッドプラクティス、ガイダンス、ハンドブック等については、銀行は、すでに様々な国際機関等が発表している経験等を活用すべきである。また、銀行としてもこれらの文書等を、専門家等の協力を得て積極的に作成・公表し、銀行内外での普及に努めることも重要である。

現行の「社会配慮ハンドブック」については、実績を積み重ねつつ充実を図るとともに、国際金融等業務においても活用すべきである。

4.2.4 国際協力銀行による借入人等の支援

開発途上国の政府や機関などの借入人等に対し、十分な環境社会配慮を求めるには、国際協力銀行が、借入人等や政府関係組織に対し、調査等の支援や対処能力の向上など積極的な支援を行うことが重要である。

現在、国際協力銀行は、開発援助である円借款においては、必要性の高い開発案件について環境社会配慮の検討が十分でない場合等に対しては、「案件形成準備調査 (SAPROF)」により国際協力銀行の資金による補完調査を行い、借入人等の環境社会配慮を支援する仕組みがあり、さらに、環境社会配慮を要する案件実施のコンサルタント契約に関しては、金利を優遇することによる支援も行っている。また、世界銀行では、案件の形成段階から世界銀行のグラント資金である「技術支援 (TA)」を用いて、借入人等の環境アセスメント等を支援する仕組みがあり、これがあるため世界銀行では、水準の高い環境アセスメント等を途上国側に求めることができるとの意見もある。

研究会では、国際金融等業務も含め、このような支援機能を大幅に拡充すべきとの意見があった。しかし、基本的に国際協力銀行の案件への関与は、案件が形成されてからであることがほとんどであることに加え、国際金融等業務では、現在の国際協力銀行法下でこのような支援を行うことは難しいこと、開発援助では、自助努力を基本としており、環境社会配慮のみ支援を手厚くすることは、かえって事業者側の環境社会配慮の努力をそぎかねず、大幅な支援強化は困難とする意見があった。

環境社会配慮の要求事項を明らかにすることで途上国側の負担増となる懸念があるため、借入人等の環境社会配慮の支援方策を環境ガイドラインに明示すべきとの意見もあ

ったが、上の理由に加え、支援措置は別な方法で示すことが適当との意見もあるため、ここでは、支援の重要性を指摘するのみにとどめる。

　借入人等に対する支援については、その重要性に鑑み、今後、より詳細に検討する必要があろう。

5．おわりに

　最後になりましたが、研究会に貴重な意見や情報を寄せて頂いた方々、準備期間も含め1年以上の長きに渡り、研究会の議事録作成等の事務面を支えて頂いた方々に、感謝いたします。

―――― 資料　国際協力銀行の統合環境ガイドラインに係る研究会提言 ――――

別添1　世界銀行　Operational Policy 4.01　(OP4.01)　Annex B

世界銀行業務マニュアル
銀行の政策

1999年　1月

OP4.01―Annex B

これらの政策は世界銀行職員が使用するために作成されたもので、必ずしも主題の完全な扱いとは限らない。

――カテゴリーA案件のための環境アセスメント報告書の内容――

カテゴリーA案件のための環境アセスメント報告書[1]は、案件に関わる重要な環境問題に焦点を合わせている。報告書の範囲および緻密度は、その案件が与えうる影響に比例すべきである。世界銀行に提出される報告書は、英語、フランス語、またはスペイン語で作成され、概要は英文で作成される。

EA報告書は以下の項目を含む。(順不同)

概要．　重要な結果と推奨される行動について、簡潔に述べる。

政策的、法的、および行政的枠組み．　EAが実施された状況の政策的、法的、および行政的枠組みを述べる。共同融資者の環境要件を説明する。当該国が参加する国際環境協定について案件に関係するものを記述する。

案件の記述．　提出案件、およびその地理的、生態学的、社会的、時間的背景を簡潔に記述する。案件現場外で必要となり得る投資(専用パイプライン、アクセス道路、発電所、給水設備、住宅、原材料および製品保管施設等)についての記述も全て含まれる。移住計画または先住民族発展計画の必要性を明らかにする[2]。(下記(h)、(v)も参照。)通常、案件現場と案件の影響範囲を示す地図を含む。

基底情報．　調査範囲の広がりを評価し、関連する物理的、生物学的、また社会経済的条件を記述する。案件が開始する前から予期されている変化も記述に含む。また案件範囲内での、しかし案件とは直接関係のない、現在進行中及び提案中の開発行為も考慮にいれる。ここで与えられる情報は案件の位置、設計、運営、および緩和策に関する決定に関わるものであるべきである。数値の正確さ、信頼度、および情報源についても、

この節に記される。

　環境への影響. 　案件が与えうる好影響と悪影響を、出来る限り定量的に予測し評価する。緩和策、および緩和策実施後も残存した悪影響を同定する。環境を向上させる機会を探る。入手可能な情報の範囲並びにその質、重要な情報の欠落、および予測値に伴う不確定性、を認知、評価する。また、それ以上の配慮を必要としない項目を特定する。

　代替案の分析[3]. 　提案案件の位置、技術、設計、運営についての有効代替案を—「案件を実施しない」案を含む—それぞれの代替案が環境に与えうる影響、その影響の緩和可能性、初期および経常経費、地域条件への適合性、および代替案が必要とする制度的条件・研修・モニタリングの必要性、に関して、系統的に比較する。各代替案について、環境への影響を可能な限り定量化し、有効な場合は経済評価も添える。特定の案件設計案を選択する根拠を明記し、望ましい排出レベルおよび汚染防止・削減策の正当性を示す。

　環境管理計画（EMP）. 　緩和策、モニタリング、および制度の強化を扱う。OP 4.01, Annex C中の概要を参照。

　添付書類.

● EA報告書作成者リスト—個人並びに機関。

● 参考文献—文書　既出版・未出版含む。予備調査に使用されたもの。

● 機関間打合せおよび協議会の記録。影響を受ける人々並びに地元の非政府団体（NGOs）がもつ、情報に基づく見解を得るために行われた協議会の記録も含む。協議会（実地調査）以外の方法で影響を受ける人々並びに非政府団体の見解を得た場合にはその方法も記録につけられる

● 参照されるべき、もしくは本文中に概要が載せられた関連情報を示す表。

● 関係報告書のリスト（移住計画、先住民族発展計画等）。

注：
1 カテゴリーA案件のためのEA報告書は通常環境影響評価書であり、妥当だとされる場合そこへ他の文書の項目が加えられる。カテゴリーA業務のための報告書は全て本添付書類に記述されている項目を使用するが、カテゴリーAセクターEAおよび地域別EAに関しては、異なる見地や項目間での強調が必要とされる。様々なEA文書の項目や焦点に関する詳しい手引書は環境部門委員会が提供している。
2 OP/BP 4.12強制移住（近日発表）並びにOD 4.20先住民族を参照。
3 あるセクターにおける広域的開発案（例えば、予想電力需要を満たす代替方法）がもつ環境面での意味は最小コスト計画法またはセクターEAによって最もよく分析される。ある地域での広域的開発案（例えば、農村部における生活水準向上のための代替戦略）がもつ環境面での意味は地域開発計画または地域的EAによって最もよく言及される。環境影響評価書は通常与えられた案件概念の枠内（例えば、地熱発電、または局所的エネルギー需要を満たすことを目的とした案件）で代替案の分析をするときに最も適している。

国際協力銀行の環境ガイドライン統合に関する研究会設置要綱

――1．設置目的――

研究会は、国際協力銀行の環境ガイドライン統合に関心の高いNGO、有識者、関係省庁、ならびに国際協力銀行における当該統合関係者が参集し、国際協力銀行の統合環境ガイドラインの在り方等につき自由な意見交換を行い、議論の整理を試みることにより、当該ガイドラインの策定に貢献することを目的とする。

――2．構成――

研究会のメンバーは以下のとおり（50音順）。なお各メンバーは、その所属組織を代表するものではない。また、代表や座長は置かず、メンバーが等しく責任を共有する。

- 一方井　誠治　（環境庁地球環境部企画課長）（平成12年12月まで）
- 伊藤　美月　（外務省経済協力局有償資金協力課）（平成13年1月より）
- 入柿　秀俊　（国際協力銀行開発業務部企画課長）（平成13年3月まで）
- 大村　卓　（環境省地球環境局環境協力室室長補佐）
- 小川　晃範　（環境省地球環境局環境協力室室長）（平成13年1月より）
- 加藤　修一　（参議院議員）
- 加藤　隆宏　（財務省国際局開発政策課係長）（平成13年6月まで）
- 川崎　研一　（外務省経済協力局有償資金協力課企画官）（平成13年1月より）
- 川崎　大輔　（財務省国際局開発政策課係長）（平成13年7月より）
- 北野　充　（外務省経済協力局有償資金協力課長）（平成13年1月より）
- 木原　隆司　（財務省国際局開発企画官）
- 小林　香　（財務省国際局開発政策課課長補佐）（平成13年6月まで）
- 作本　直行　（アジア経済研究所経済協力研究部主任研究員）
- 佐藤　寛　（アジア経済研究所経済協力研究部主任研究員）
- 清野　達男　（環境省地球環境局環境協力室技術協力第1係長）
- 寺田　達志　（環境省地球環境局総務課長）（平成13年1月より）
- 中藤　泉　（経済企画庁調整局経済協力第1課長）（平成12年12月まで）
- 林　幸宏　（経済企画庁調整局経済協力第1課長補佐）（平成12年12月まで）
- 馬場　義郎　（財務省国際局開発政策課課長補佐）（平成13年7月より）
- 原科　幸彦　（東京工業大学大学院・総合理工学研究科教授）
- 本郷　尚　（国際協力銀行環境社会開発室第1班課長）
- 前田　匡史　（国際協力銀行金融業務部企画課長）
- 松本　郁子　（地球の友ジャパン）
- 松本　悟　（メコン・ウォッチ）

―― 国際協力銀行の環境ガイドライン統合に関する研究会設置要綱 ――

　本山　央子　　（地球の友ジャパン）
　森　　尚樹　　（国際協力銀行環境社会開発室第2班課長）
　門間　大吉　　（財務省国際局開発企画官）（平成13年7月より）
　柳　憲一郎　　（明海大学不動産学部教授）
　山田　順一　　（国際協力銀行開発業務部企画課長）（平成13年4月より）

（肩書きは参加期間を通じて代表的なもの）

―― 3．活動内容 ――

・研究会は、国際協力銀行の現行の環境ガイドラインを素材とし、国内外の動向を踏まえつつ、具体的な統合方法、及び改善すべき点につき検討を行う。
・なお、研究会は、必要に応じ、その検討に資すると思われる情報について、国際協力銀行、参加メンバー、その他の団体等に情報提供を求める。
・研究会は、可能な限り具体的提言を行うことを目指し、検討結果をとりまとめ、公表する。とりまとめの具体的イメージについては、研究会において今後検討する。

―― 4．活動スケジュール ――

平成12年度末に、国際協力銀行の環境ガイドライン統合に係る提言を行うことを目指し、毎月2回程度の頻度で研究会を開催する。詳細については、研究会において今後の検討の進捗も踏まえつつ随時決定していく。

―― 5．議事録および情報公開 ――

・原則として、研究会開催の都度、簡潔・明瞭に議論の要点を発言者とともに記した議事録を作成する。なお、議事録の内容については発言者全員の了解を得る。
・研究会独自のホームページを開設する等の方法により、本設置要領および議事録等を公開する。

―― 6．庶務 ――

開催案内等、研究会の開催に必要な庶務、情報公開に必要な作業等については、国際協力銀行が関係機関の協力を得て行う。

―― 7．その他 ――

研究会の検討に資する意見や資料については電子メール等適切な方法で受け付け、メンバーで共有する。また、受け付けた意見や資料は研究会のホームページ等において公開する。

以　上

おわりに

　私たちは、1998年から4年間、開発における社会環境配慮の政策を強化し、開発支援機関の透明性とアカウンタビリティを高めるための活動を継続してきました。国際的な流れの把握から、日本での活動計画の策定、キャンペーンの組み立て、日本で有効なキャンペーンの手法の検討などからはじめ、全く手探りの状態から活動を始めました。

　そこから、個別プロジェクトの調査、国会での審議、研究会の設置、提言のまとめ、そしてJBIC環境ガイドラインが2002年4月に制定されるまでに、本当に多くの方々にご協力、ご助言をいただき、一緒に悩みながらここまでの活動を進めることができました。

　特に、今回の一連の提言活動を行なうにあたっては、多くのNGOや学識経験者のご協力をいただくと共に、国会議員の方や、国際協力銀行、財務省、外務省、環境省内のスタッフの方に多大なご協力をいただきました。心より御礼申し上げます。新環境ガイドラインの策定について、最初の提言を行なったのはNGOでしたが、多くの関係者の方々のお力添えなくしては、提案を新環境ガイドラインという形にまでまとめることはできませんでした。

　とりわけ、前田匡史氏、大村卓氏、和田篤也氏、木原隆司氏、門間大吉氏、川崎研一氏、原科幸彦氏、加藤修一氏、河野太郎氏、松本悟氏、Aviva Imhof氏、Jon Sohn氏には、大変重要なアドバイス、ご支援をいただきました。また、時にはお互いの立場を超えて一緒に悩みながら、事態の打開に向けて協力して仕事ができたことを大変うれしく思っております。本当にありがとうございました。JBIC環境ガイドライン策定に向けての一連の活動では、NGOとしても今後の活動に生かすべき多くのことを学ぶ重要な機会となりました。このよう協力関係に基づいた政策提言の活動が、今後とも様々な場で生かされていくこと、皆様のますますのご活躍を願って、ご挨拶とさせていただきます。

2002年4月
　FoE Japan開発金融と環境プログラム　ディレクター　松本郁子

[著者略歴（50音順）]

安部　竜一郎（あべ　りゅういちろう）　　　　　　　　　第3章

　1960年東京生まれ。日本消費者連盟事務局を経て、現在は東京大学大学院総合文化研究科博士課程在籍（国際社会科学専攻）。日本インドネシアNGOネットワーク（JANNI）運営委員。主要論文に「第三世界における環境保全型事業の政治化：インドネシア南スマトラ州ムシ・パルプ事業の政治生態学的検討」（2000年度修士学位論文）「環境問題が立ち現れるとき：ポリティカル・エコロジーへの構築主義アプローチの導入」（『相関社会科学』第11号）他

岡本　幸江（おかもと　さちえ）　　　　　　　　　　　　第2章

　1995年から日本NGOネットワーク（JANNI）運営委員。2000年から地球環境戦略機構　森林保全プロジェクト　客員研究員。「絵でみる水俣病（インドネシア語）」（共訳）、相思社。「インドネシア軍国主義」（共訳）（仮題／近刊）、コモンズ。「環境モニタリングガイドブック（インドネシア語）」（共著）、JANNI & LSPL

尾関　葉子（おぜき　ようこ）　　　　　　　　　　　　　第4章

　1958年生まれ。前アフリカ日本協議会 事務局長
国際連合難民高等弁務官駐日事務所に勤務した後、1993年にアフリカ日本協議会（Africa Japan Forum）を結成、事務局長を98年度まで務めた。1999年度副代表。2000年3月に退職。現在はジンバブエ、ハラレ在住。共著に『ハンドブック　NGO』（明石書店、1999）

福田　健治（ふくだ　けんじ）　　　　　　　　　　　　　第6章

　1977年生まれ。NGO「メコン・ウォッチ」スタッフとして、メコン河流域国で環境や住民の生活を脅かす日本の援助・投資によるプロジェクトのモニタリング・政策提言活動に関わると同時に、ODA改革ネットワーク東京事務局を担当。著作に「情報公開法とODA」（『フォーラムMekong』Vol.3 No.3、2001年）など。

松本　郁子（まつもと　いくこ）　　　　　　　　　　第4章、第7章

　1969年生まれ。FoE-Japan、開発金融と環境プログラムコーディネーター。日本政府や企業が係る途上国での開発事業のモニタリングや政策提言などを通じて、開発に伴う社会環境問題の解決に向けて取り組んでいる。共著に「アジア開発銀行は援助機関なんですか？」（有限会社MIT）、「地球を破壊する補助金競争」（地球の友ジャパン）がある。

本山　央子（もとやま　ひさこ）　　　　　　　　　第1、5、7、8章

　1968年生まれ。FoE-Japan開発金融と環境プログラム政策アナリスト。アジア女性資料センター運営委員。立教大学法学部政治学科所属。共著に『市民による生涯学習白書』（未来のための教育推進協議会）1999年、「地球を破壊す

る補助金競争-海外投資とECA」（地球の友ジャパン）2000年。

国際環境NGO　FoE-Japan（こくさいかんきょうNGO FoE-Japan）
　世界68カ国、100万人の支援者を持つ国際環境団体Friends of the Earthのメンバー団体として、1980年に他の環境団体に先駆けて設立された。2002年に「地球の友ジャパン」から改名。開発金融問題のほか、シベリアの自然保護、地球温暖化、森林と貿易などの問題に取り組んでいる。「開発金融と環境プロジェクト」は、国際協力銀行を通した開発支援融資政策の見直しとプロジェクトのモニタリングのほか、公的輸出信用機関による海外投資支援政策や多国間銀行の政策などについて、政策提言活動を行なっている。

途上国支援と環境ガイドライン
とじょうこくしえん　かんきょう

2002年5月15日　初版第1刷発行　　　　　　　定価2800円＋税

編　者	国際環境NGO　FoE-Japan
発行者	高須次郎
発行所	緑風出版Ⓒ

　　　〒113-0033　東京都文京区本郷2-17-5　ツイン壱岐坂
　　　〔電話〕03-3812-9380　〔FAX〕03-3812-7262　〔郵便振替〕00100-9-30776
　　　〔E-mail〕info@ryokufu.com
　　　〔URL〕http://www.ryokufu.com/

装　幀	堀内朝彦		
組　版	R企画	印　刷	長野印刷商工・巣鴨美術印刷
製　本	トキワ製本所	用　紙	大宝紙業　　　　　　E1000

落丁・乱丁はお取り替えいたします。
本書の無断複写（コピー）は著作権法上の例外を除き禁じられています。なお、お問い合わせは小社編集部までお願いいたします。
　　Printed in Japan　　ISBN4-8461-0205-X　C0031

◎緑風出版の本

緑の政策事典

フランス緑の党著／真下俊樹訳

A5判並製
三〇四頁
2500円

開発と自然破壊、自動車・道路公害と都市環境、エネルギー問題、失業と労働問題など高度工業化社会を乗り越える新たな政策を打ち出し、既成左翼と連立して政権についたフランス緑の党の最新の政策集。

誰のためのWTOか？

パブリック・シチズン／ロリー・M・ワラチ／ミッシェル・スフォーザ著、ラルフ・ネーダー監修、海外市民活動情報センター監訳

A5判並製
三三六頁
2800円

WTOは国際自由貿易のための世界基準と考えている人が少なくない。だが実際には米国の利益や多国籍企業のために利用され、厳しい環境基準等をもつ国の制度の改変を迫るなど弊害も多い。本書は現状と問題点を問う。

ザ・ラスト・グレート・フォレスト

カナダ亜寒帯林と日本の多国籍企業

イアン・アークハート／ラリー・プラット著、黒田洋一／河村洋一訳

四六判上製
四七二頁
4500円

カナダ・アルバータ州に広がる世界最大・最後の亜寒帯林。パルプを確保するためこの森林に目を付けた日本の製紙各社は、大規模な森林伐採権を確保した。本書は、自然保護運動と開発を進める州・企業との闘いの記録。

有機農業大国キューバの風

生協の国際産直から見えてきたもの

首都圏コープ事業連合編

四六判並製
二四八頁
1800円

今静かなキューバ・ブームが起きている。それは有機農業大国として。経済封鎖のなか化学肥料もないキューバは否応なく有機農業を選ばざるをえず、それが生協産直でブームに。本書は現地を見て、苦労話をまとめたもの。

▓全国どの書店でもご購入いただけます。
▓店頭にない場合は、なるべく書店を通じてご注文ください。
▓表示価格には消費税が転嫁されます。